怪談四十九夜
地獄蝶

黒木あるじ　編著

竹書房
怪談
文庫

まえがき

黒木あるじ

鎮魂、怖気、出棺、荼毘、埋骨、鬼気、そして——断末魔。

右記は「四十九日法要に倣い、怪談を四十九話収録する」と銘打った当シリーズの副題です。もはや葬いにまつわる（すこし不穏な）単語は、あらかた出尽くした感があります。ゆえに名ばかり監修役である私も「さすがにここらで打ち止めだろう」と高を括っていた——のですが。

なんと、新刊がこのたび上梓されるとの報せが届きました。その副題は「地獄蝶」。なんとも奇妙な名前ですね。蝶と葬いに、どんな関係があるというのでしょうか。

『地獄蝶・極楽蝶』（今井彰／築地書館）によると、上総国および下野鹿沼地方では黒いアゲハチョウを地獄蝶と呼んでいたのだそうです。作者の今井氏は「死者供養の際に飛んでいた黒アゲハを死者の魂に重ねあわせ、地獄蝶なる呼称が定着したのではないか」との仮説を提唱しています。

また『和漢三才図会』には「越中国立山の地獄道にある追分地蔵堂では、毎年七月十五日の夜（つまりは旧暦のお盆ですね）に蝶が数多く遊び舞う。これを生霊の市と呼ぶ」とあります。どうやら、蝶は死者の化身と考えられていたようです。すなわち、死者は蝶となって地獄から戻ってくるのです。「四十九夜」シリーズで墓の下に葬られた死者は、いまもなお私たちのそばに居るのです。弔いの夜は、まだ終わってはいなかったのです。

今作も、麒麟児から炯眼の士まで多様な書き手が揃いました。十人が描いた〈恐怖という名の蝶〉が闇をひらひらと舞い、漆黒の羽根をはばたかせるさまを、震えながら愉しんでもらえれば、これに勝る喜びはありません。

そういえば、蝶というのは花の蜜に集まると思われがちですが、ジャノメチョウやヒカゲチョウは動物の屍に群がるのだそうです。死者の化身だと思っていたところが、実は自分こそが死者であり、彼らの餌食であった――そんな可能性も捨てきれません。どうか地獄の蝶に喰われぬよう、自身が死者とならぬように、お気をつけください。

では――そろそろはじまりです。この先は、長い長い夜です。

目次

小田イ輔

しのはら史絵

葛西俊和

渋川紀秀

ものまね

平成の初め頃、リクさんが中高一貫の男子高に通っていた時、同じバスケ部に所属していたMという友人がいた。

Mは教師たちのものまねが得意だった。

その男子校は校則がやたらと細かくて、教師たちは少しでもルールから逸脱しようとする生徒に厳しくしてきた。

廊下でヤンチャな生徒が教師に顔を殴られ、口から血を流している様子を、リクさんは何度か見かけたことがあった。

厳しい教師たちの中でも、特に嫌われていたのは、体育教師のT先生だった。

Mは体育の授業が終わって教室に帰ってくる間に、ばれないようにしてT先生のものまねをして、周りを笑わせていた。

バスケ部の部活帰りに、Mはポケットから取り出して、黒い小さなものを見せた。

T先生が授業中に首から下げている笛に見えた。

「たぶんあいつ、バスケの授業で忘れたんだよ。見つけたから拾っといた。汚ねえドブに

「でも捨ててやろうと思ってさ」

　Mはそう言うと、笛をポケットにしまってから、T先生のものまねをして、部活仲間を笑わせた。

　今日はいつになくものまねに熱が入ってるなあ、とリクさんは思った。

　Mは身振り手振りを交えて、T先生が生徒を叱り飛ばす時の真似をしていた。周りが腹をよじりながら笑う。

　突然、Mはポケットに手を突っ込み、黒い笛を取り出して、口にくわえた。

「うわ、きったねえ、それ、Tが口付けてるやつじゃねえかよ」

「きったねえ」

　周りは笑いながらMの様子を見ていた。

　Mの様子がおかしい、とリクさんは思った。

　ピッ、ピッ、ピピイーッ、ピッ、ピッ、ピイッ……。

　眼を見開いて、首を震わせながら、Mは、笛を断続的に鳴らしている。

　息を止めているのか、Mの顔が真っ赤になっていった。

　それまで笑っていた周りの友達も、Mを心配しだした。

「おい、M、大丈夫かよ」

リクさんがMの肩を掴んで揺さぶっても、Mは赤い顔のまま目を剥いて、笛を断続的に鳴らし続ける。

「やめろって」

リクさんが無理やりMの手から黒い笛を奪い取り、茂みに投げ捨てると、Mは脚の力が抜けたように倒れてしまった。

リクさんたちが、だいじょうぶか、などと声をかけているとMはやがて目を覚ました。

Mは、黒い笛を拾ったことすらも覚えていなかった。

次の日の授業前、リクさんのクラスの担任が、体育のT先生が車の運転中に事故に遭った、と発表した。

T先生が学校に戻ってくるまで、数か月かかるかもしれない、と担任は言った。

クラスがざわめいて、嬉しそうな声が混じり、不謹慎だぞ、と担任が注意した。

それを聞いて、リクさんはMの昨日の妙な「ものまね」を思い返した。

昼休み、リクさんは友人の一人から、たまたまT先生の事故を目撃した時の話を聞いた。

T先生は割れたフロントガラスにまみれて、額から血を流して顔を真っ赤にしながら、断続的にクラクションを鳴らしていたという。

似てる子

由利子さんは就職活動中、電車に乗っている時に、見覚えのある女性に気付いた。

「あれ、アヤだよね」

大学のテニスサークルで知り合ったアヤという女性だと思って声をかけたが、相手は不思議そうに首をかしげていた。

彼女は小花柄の黄色いワンピースを着ている。

由利子さんは、アヤがそのワンピースを着ている姿を見るのは初めてだった。彼女からローズ系の柔軟剤の香りが漂ってくるのを嗅ぐのも初めてだった。由利子さんの知るアヤは、ボーイッシュなスタイルを好んでいたからだ。

サークル活動を活発に行っていた時は、共通の友達と一緒にアヤと何度か呑みに行ったこともある。だが最近は、就活で忙しくて、半年ほど会っていなかった。連絡もほとんど取り合っていない。

それでも、忘れられてしまうほど疎遠な関係だとは思えなかった。

「ほら私、由利子だよ、テニスサークルの仲間との飲み会で、何度か話したことのある」

「由利子さん、テニスサークル……？　すみません、ちょっとわからないです」

首をかしげるしぐさも、声も、アヤそのものだった。

何かが気まずくて、別人のふりをしているのだろうか。

たいして親しくないのに、しばらく疎遠にしてたのに、馴れ馴れしく話しかけてくるなよ、ということなのか。

「アヤ、ごめんね、最近忙しくて、全然連絡してなかったのに、いきなり話しかけちゃって」

「いえ。ていうか、わたし、ハルナ、っていいます。そもそも、大学にも通ったことはないんです」

「そうですか……。すみませんでした。知り合いの子にとても似ていらしたので、つい声をかけてしまいました」

ハルナと名乗った女性は、由利子さんに小さく頭を下げて、遠ざかっていった。ドアの近くの銀色のポールに掴まって、電車の外に目を向けている。

声のかけ方がまずかったから、何かの勧誘ではないか、と警戒されてしまったのかもしれない。

それにしても、こんなに似ている人がいるなんて。

由利子さんは、アヤにメールを送ってみた。

【ねえ、ハルナっていう名前の姉か妹、親戚の子はいない？　今、電車で会った人がめちゃくちゃアヤに似てて】

アヤからすぐに電話がかかってきた。どうしてメールじゃなくて電話なんだろう、と思いながら、由利子さんは電話を取った。

「アヤ、ごめん、今電車なんだ。あとで電話する」

「そ、そのハルナって女の人、どんな格好してる？」

電話を切る寸前に聞こえたアヤの声は、なぜか焦っているように聞こえた。

由利子さんはドア付近のポールに目をやった。

ポールに掴まっていたはずの、アヤに似た「ハルナ」の姿がない。

車両の中を見回したが、彼女の姿はなかった。

ポールの近くには、ローズ系の柔軟剤の香りがほのかに漂っている。

由利子さんは電車を降りてから、駅の近くで見つけたベンチに座って、アヤに電話をかけてみた。

「さっきのメールの、ハルナって名乗った女性なんだけど、ドアの前にいたはずなのに、いつの間にか消えちゃったの」

由利子さんがそう言うと、そっか、と、なぜかアヤはすんなりその言葉を受け止めた。

黄色いワンピースとローズ系の柔軟剤の香りについても、アヤには思い当たることがあるらしかった。

「ハルナっていうのはね、昔、私が鏡の中に呼び掛けてた名前なの。頭の中だけの友達っていうか。大学に入るまで、あんまり友達がいなかったから、たぶん寂しすぎて、そういう変な遊びをしてたんだと思う」

電話の向こうでアヤは気まずそうに笑った。

ちょうどアヤは、由利子さんに久しぶりに電話をかけようとしていたが、就活で忙しいだろうなと思って遠慮していたという。

由利子さんは就職活動が思うようにいっていなかったが、アヤの明るい声を久しぶりに聞いて、少しだけリラックスすることができた。

お互いに近況を報告し合って、その場で十分ほど話した。

「ハルナのおかげで、由利子と久しぶりに話すことができて、ほんとよかった。時々出てきて、こういうことやってくれるんだよな、あの子」

アヤはうれしそうな声で由利子さんに言ったという。

軽くなる

たかしさんは大学一年生の夏に、引っ越しのアルバイトをした。

「未経験者歓迎！　優しい先輩たち！」

そんなバイト募集の文句に釣られていたが、現場は想像していた以上にきつかった。

最初に行った現場は、四階建ての真新しいマンションだった。

背は小さいが腕周りの筋肉が異様に分厚い、マッチョなベテランバイトと組まされた。

マッチョは手際よくマンションの階段や壁に養生を施して、作業を始めた。

お客さんにニコニコ愛想笑いをしながら挨拶していたマッチョがふと、たかしさんを睨みながら言った。

「お客様のお荷物は、自分の内臓だと思って運べ。絶対にぶつけたりするんじゃねえぞ」

はい、とたかしさんはおとなしく答えた。

新入りバイトなのにこんなにプレッシャーをかけられるのかよ、しくじったら殴られそうだな、とたかしさんは思った。

「ふにゃけたお前でも、これなら一人で持てるだろう。さっさと動け、玄関を出入りする時もスニーカーのかかとなんて踏めよ」

たかしさんは、自分よりも背の高い本棚を一人で運ぶようにマッチョから言われた。

軍手をしっかりとはめて、本棚を少し抱えてみる。想像していたよりも重かった。右足を本棚の底に入れ込んで、しっかりと抱え直した。

暑さときつさで汗びっしょりになりながら、二階への階段を降りた。

汗が目に入って、思わず目をつぶって、よたついてしまった。

本棚の背が、踊り場の手すりにぶつかって音を立てた。

「おらてめえ、何やってんだ、ぶちのめすぞ」

一階から、マッチョの押し殺したような声が聞こえた。

くそ、こんなの一人でもてねえよ。こんなバイト、今日限りで辞めてやる。

いったん本棚をそっと置いて、抱え直して、一階への階段を降りようとした時。

本棚が、ふっと軽くなった。

右足に何かがぶつかっている。見ると、赤いスニーカーの先が見えた。側面に一本だけ白い直線が入っている。

周りには誰もいないのに、すぐ近くで、「ハア、ハア」という、自分のものではない呼吸音が聞こえる。

さっさと持ってこい、と下にいるマッチョが怒鳴った。

たかしさんは足元を見ないようにしながら、本棚を抱えながら階段を降りていった。

だいぶ楽に運べたが、引っ越し用のトラックについた頃には、背中にびっしょりと冷や汗をかいていた。

「どうしたよお前、顔が白いぞ。何かあったのか。おい、あったんなら言えよ」

マッチョがなぜか心配そうな顔で訊いてきた。

「あ……赤いスニーカーに助けられたんです。急に軽くなって」

何言ってやがる、とマッチョは馬鹿にしたように笑ったが、本棚の底の方を見て、マッチョの表情が凍りついた。

「くそ、まだあいつ……。君、今日は帰っていいよ」

マッチョは急に猫撫で声を出した。

「え、でも……いいんですか」

「事務所には俺がうまく言っとくから。今日の分はちゃんと支払われるようにしてやるよ」

マッチョが愛想笑いを浮かべて、たかしさんの耳に顔を近づけてきた。

「もし後ろから足音が聞こえても、家につくまで振り返るなよ」

たかしさんは、マッチョに頭を下げて、自分の家へと向かった。

家に着くまでに足音を聞くことはなかった。

だが、その夜、夢の中で、マッチョが物凄い形相で若くて細身のバイトを怒鳴っているのを見た。

その若いバイトの体はだんだんと縮んでいった。元の半分ほどの大きさになると、煙のようにに体がふわっと消えてしまった。

彼が履いていた赤いスニーカーだけが残されていたという。

崩れる喫茶店

一雄さんは大学二年生の時に初めて彼女ができた。

夏の平日の昼間、彼女と一緒に学生街の路地を歩いていると、一雄さんは潰れた喫茶店を見かけた。

店の出入り口近くの窓には、ディスプレイ用のナポリタンやクリームソーダの食品サンプルが並んでいた。

どのサンプルもくすんだ色をしている。だいぶ昔に作られたものだろうな、と一雄さんは思った。

店の中では、焦げ茶色のテーブルが壁際に寄せられていて、椅子が無造作に倒れて、蜘蛛の巣が張っていた。スプーンや割れた皿も床に散らばっている。

「あんまり見ない方がいいよ」

彼女にそう言われたが、なぜか一雄さんは店から目を離せず、立ち止まってしまった。

店の床で、何かがうごめいている。

二人の人間が床に倒れたまま体を密着させて、うねっていた。二人とも、紺色の浴衣(ゆかた)を着ていて、白髪の男女だった。

こんな昼間から、年老いた男女が、潰れた店でいやらしいことをしているのか。

だが、違った。

短髪の男の皺だらけの右手が、髪の長い老女の一人の首を絞めている。

二人はもみ合いながら、一雄さんと彼女がいる方にじわじわと近づいてくる。二匹の巨大なみみずが土の上でのたうちまわっているような動きだったという。

「目、合わせちゃだめだからね」

彼女が一雄さんにそっと言った。

男は、クリームソーダのサンプルを掴んで、白いアイスクリームの膨らみを女の口の中にぐいぐい押し付けた。

入らないとみるや、クリームソーダのコップの底を相手の口にぶつける。黄ばんだ歯が散らばった。

「大変だ、助けないと」

「駄目よ。いないんだから。早く行こう」

彼女が一雄さんの腕をグイっと引っ張った。

男が、ふっと顔をあげて、一雄さんを見た。眼球部分が真っ黒だった。

ひいっ、と息をのんで、一雄さんは彼女の手を引いたまま、よろけながら走り出した。汗だくになり、息を切らしながら、近くのファーストフード店の中に入った。気持ち悪くて、何かを食べる気はしなかった。

二人とも、アイスコーヒーを頼んで、店の中で飲むことにした。

「さっきの、めっちゃビビったんだけど。ってか、なんだったんだろ。マジこええ」

一雄さんは恐怖心をごまかすために冗談っぽく言ってみたが、彼女は深刻そうな顔をしていた。

「サークルの先輩に聞いたんだけど、あの喫茶店、昔、高齢の夫婦が経営してたんだって。だけど、三年くらい前から二人とも消息がわからないんだって。あっ……」

彼女は自分の口の中に指を突っ込んで、何かをつまみ出した。

黄色く汚れた人の歯に見えた。

「うわ、なにこれ。異物混入じゃん。ってか、なんでコーヒーになんか入ってんだよ。俺が店の人に言ってくるよ」

「いいよ。それより、一雄君のそのストローの中にもあるよ」

一雄さんはびくりとして、コーヒーを飲むのをやめた。

透明なストローの中ほどに、黄色い歯のかけらのようなものがひっかかっていた。

数日後、一雄さんと彼女は、件の喫茶店を見に行ってみた。

ディスプレイ用の食品サンプルが一つ残らず消えていた。


社会人二年目を迎えた一雄さんは、最近、その彼女との結婚を考えている。

「あの老夫婦みたいにはならないようにしようね、って昨晩彼女から言われて、あの時のことを思い出したんですよ」

その喫茶店は、四年経った今でも、少しずつ崩れながら、残っているという。

ロッカーの中から

正樹さんは、小学四年生の冬、掃除用具を入れた緑色のロッカーに隠れたことがある。

その日の正樹さんはイライラしていた。

昼の給食に、正樹さんが嫌いなおかずが二品も出てきたので、嫌がらせかよと思った。他に、クラスの中で気になっている女子から、冷たい態度をとられてしまった。しかも今日は掃除当番の日だ。同じ掃除の班の中に、昨日口げんかして気まずくなり顔を合わせるのが嫌な奴がいる。

掃除するの、めんどくさいな。寒いのにぞうきんを濡らして絞るのも、嫌だ。

ロッカーに隠れたら、みんな気づくだろうか。もしかしたら、気づかずに掃除を終わらせてくれるんじゃないか。

ふとそう思って、みんながホウキやチリトリを出して掃除を始めた後、タイミングを見計らって、正樹さんは教室の後ろの隅にあるロッカーの中に隠れた。

ロッカーは、長年使われて、あちこちが錆び付いた古いもので、開け閉めするたびに蝶つがいがキイキイと耳障りな音を立てる。

ちょうど目の高さに、横長に空いた細い穴があった。そこから、ロッカーの外の様子を見てみることにした。

昼過ぎなのに、教室の中は夕暮れ時のような色に見えた。

視界の中に、髪の長い、赤いワンピースを着た女の子が見えた。机を後ろから前に運んでいる。

あれ、うちの班に、今日あんな服を着た子はいたっけな。

女の子は、机を運ぶのを途中でやめて、くるりと振り向いた。

長く伸びた前髪の陰から、ロッカーの方を見ているようだった。

気づかれちゃったかな。

女の子は、ワンピースのポケットに右手を突っ込んだ。図工で使うハサミが出てきた。

ハサミをチョキチョキと動かしながら、女の子はロッカーにそっと近づいてきた。

スポーツ刈りの男子が、右側から視界に入ってきた。彼の手には、ハンマーが握られていた。

別の男子も視界に入った。刃を剥き出しにしたカッターを手にしている。

二人の男子の顔には見覚えがなかった。他のクラスの奴だろうか。

赤いワンピの女の子とともに、二人の男子も、足音を立てないようにして、ロッカーに近づいてくる。

まずい。このままでは、襲われる。でも、なんでいきなり。

正樹さんは戸惑いながら、ロッカーを飛び出た。

他の掃除担当の生徒たちが、真面目にホウキとチリトリでごみを集めたり、机を運んだりしている。

ロッカーに近づいてきた見知らぬ男子二人は消えていた。

外からロッカーを見ると、正樹さんの眼の高さにあったはずの横長に空いた穴がない。

ドアを開けて内側からも見てみたが、やっぱり穴はなかった。

中で眠っちゃって、変な夢でも見ちゃってたのかな、と考えながら、正樹さんは胸をなでおろした。

「もう、なにやってんの。ちゃんとやってよ」

いつも強気なショートボブの女の子から怒られた。

「ご、ごめん」と正樹さんは謝って、掃除に参加した。

同じ掃除の班の中に、赤いワンピースの女の子はいなかった。

中学になって、正樹さんは白昼夢という言葉を知った。

あの時、ロッカーの中から見たものも、白昼夢だったのかもしれないな、と納得することにした。

およそ十年後、小学校の同窓会があり、正樹さんは四年生の時の担任教師と再会した。

すっかり頭が薄くなっていたが、人懐っこい笑顔はあの頃のままだ。

ふと、あのロッカーの中から見た異様な光景を思い出し、何か知りませんか、と担任に訊いてみた。

担任の顔が途端にひきつった。

「ああ、あのロッカーの噂か。まあ、うちの小学校も、歴史が古いからなあ……いや、まあでも、そういうことは、あんまり人には話さない方がいいと思うよ」

担任は無理に笑顔を作った後、誰か知り合いを見つけたようなそぶりを見せて、遠ざかって行ってしまった。

その同窓会のあった日の夜、正樹さんは、その白昼夢の続きを見た。

ロッカーに隠れていた正樹さんは、それぞれ凶器を手にした子供たちによって、体のあちこちを切られたり殴られたりした。

夢の中で、正樹さんはまったく痛みを感じなかったが、自分の体から血がぴゅうぴゅう噴き出るのを見ていたという。

我妻俊樹

赤骸骨、青骸骨

急に頭が痛くなったんですよ、とホッタくんは言う。

授業のあいまにキャンパス近くの喫茶店でコーヒーを飲んでいたら、窓の外をH先輩が通りかかった。サークルの女の先輩で、気が合う仲のいい人だ。

ホッタくんはガラス越しに手を振ったが先輩は気づいていない。ホッタくんは手を振り続け、先輩が角を曲がって見えなくなってしまったとき、いきなり頭痛が襲った。

まるで頭の芯に針でも刺されたような唐突な痛み。ホッタくんは突然のことに訳がわからなくなり、思わずH先輩にLINEを送ってしまったという。

〈今〇〇〇です、先輩が前を通ったから手を振ったら、頭痛になりました。すごく痛い！〉

すると先輩からはすぐに返信が来た。

〈コップの水を一口飲んで、小声でいいから『馬の背中の赤骸骨(がいこつ)、牛に踏まれた青骸骨』っ

てつぶやいてごらん〉

ホッタくんはそれを読んで、先輩はいったい何を言っているのだろうと思った。だが頭痛はいっこうに治まる気配がないので、藁にもすがる思いで書かれていたことを実践してみたそうだ。

コップに少し残っていた氷水を飲み込み、まわりに聞こえないような声で、

「馬の背中の赤骸骨、牛に踏まれた青骸骨」

そうつぶやいてみた。すると、「……青骸骨」まで言った瞬間に、頭痛が嘘のように消え去ってしまった。

何か重篤な病気なのではと疑うようなあの痛みがもはや跡形もなく、すっきりと爽快な気分になっている。

あまりのことにぽかんとしているホッタくんの前の席に、いつのまにか引き返してきたらしいH先輩が「どう？　効いたでしょ？」と言いながら腰かけた。

Hさん今のはなんなんですか、頭痛の治るおまじないか何かなんですか？　そう詰め寄るホッタくんにHさんは笑って「おまじないみたいなものではあるけど」と言った。

「どんな頭痛にでも効くわけじゃないから気をつけてね」

先輩の話では、このやり方は幼い頃にひいおばあちゃんから教わったものらしい。

先輩は物心ついた頃から頭痛に悩まされていたが、ひいおばあちゃんはそれを裏山の祠(ほこら)に祀(まつ)られた神様のしわざだと主張していた。理由はよくわからないが、どうやらH先輩はその神様に好かれていたらしい。

だが神様と人間ではいろいろとこの世にある条件が違っているので、好かれていることの副作用のように、時々激しい頭痛が出てしまう。それには鎮痛剤などでは効き目がなく、問題は神様の好意なのだから、神様の気をそらすようなことをしなければならないというのだ。

「さっき教えてあげた言葉は、それを聞くと神様がドン引きしてしまうというか、逃げ出したくなっちゃうような言葉らしいの。理由もひいおばあちゃん一応説明してくれたはずだけど、子供だったからよくわからなかった。でも効果はてきめんで、もう何千回唱えたかわからないくらいだよ」

今ではその祠のある山から何百キロメートルも離れた東京に暮らしている先輩だが、長距離をものともせず時々頭痛は襲って来るらしい。

それどころか、先輩の周囲の人にも頭痛が飛び火してしまうことがあるのだとか。地元にいた当時はそのようなことはなかったから、きっとこれだけ離れているとさすがの神様でも手もとが狂うというか、好意がうまく先輩に命中しないこともあるのだろう。まわりにいる、先輩となんらかの関係のある人物のほうに弾が当たってしまうのだ。

ホッタくんの訴えた頭痛もそのようなケースだと踏んで、ひいおばあちゃん直伝の〈おまじない〉を伝授したということらしい。

「でも神様に好かれたって、とくにそれでラッキーなことが自分にあったとも思えない。まったく平凡な人生を送ってきてるからね、ただタチの悪い頭痛になるだけなんて納得いかないよ。ひいおばあちゃんも神様のご利益のほうは何も教えてくれずに死んじゃったからさ」

先輩はそう言ってけらけらと笑っていたという。

その後もホッタくんは何度かH先輩の前で、あるいはH先輩に会った直後に同様のひどい頭痛に襲われているが、そのたび同じやり方で解消することができた。

だが先輩が大学を卒業して郷里に帰ってしまうと、この奇妙な〈おまじない〉を唱える機会もぱたりとなくなったそうである。

ハンドバッグ

大学生のタカシさんが帰りの電車で席があいて座り、鞄から本を取り出して読もうとしたら通路を挟んだ向かいの席の客が目に入った。

ショートヘアの女性で二十代半ばくらい。疲れた感じで顎(あご)を上げて目を閉じている。その女性の膝の上には赤いハンドバッグが載っていて、バッグの口が開いているらしくそこから毛玉のようなものが覗いていた。

気になってちらちら見ていると毛玉はだんだん大きくなって、急にくるっとこちらを向いた。それは猫の首だったという。

生後ひと月くらいしか経っていないような子猫の小さな頭部。驚いて見ていたら大きな欠伸(あくび)をしたので絶対にぬいぐるみではない。だが目だけは漫画で描かれた化け猫みたいにつり上がっていて、とても現実の子猫には見えなかったそうだ。

周囲の人たちはその猫にまるで無反応で、タカシさんだけが注目する中、子猫はしきりに身をよじってバッグから抜け出そうとしていた。

その両目はますます鋭くつり上がってぎらぎらと金色に光り、前脚の爪は釣り針のように長く鉤型になっているのがわかる。硬直しているタカシさんのほうを睨むように見て、今にもこちらに飛びかかってきそうな顔をした。

そのとき女の人がはっとしたように目をあけてバッグの蓋をパチンと閉じると、ふたたび何事もなかったように眠りはじめた。

猫は瞬時に首を引っ込めたのか、少なくとも外に出た気配はないようだ。

タカシさんは猫に飛びかかられてはいないし、足もとをうろつくような影もなかった。

ひとまずはほっとしたが、またバッグをこじ開けて脱出を試みるのではないかと思うと気が気でなく、ハンドバッグから目が離せなかったという。

「あんまりじろじろ見ないほうがいいですよ」

そのときタカシさんの横に座っていた七十歳くらいのスーツを着た老紳士といった感じの人が、いきなりそう話しかけてきた。

「ああいうのはすぐ忘れたほうがいいんです。気にしてるとまた会っちゃいますよ」

そう言いながら老紳士は立ち上がると、ちょうど駅に到着して開いたドアからホームに降りていった。

　タカシさんはその見知らぬ老紳士の言いつけを守って、乗り換えで降りるまでの間その赤いハンドバッグのほうをけっして見ないようにしたという。

　だがすぐに忘れるというわけにはいかず、それからも電車に乗るとついあの子猫のぎらぎらと光る金色の目を思い出し、周囲に赤いハンドバッグを持った人がいないか窺ってしまう。

「気にしてるとまた会っちゃいますよ」

　という老紳士の言葉通り、タカシさんは最近また車内であの日のショートヘアの女の人を見かけてしまった。眠たそうな目で吊革につかまっているのを、ほんの一メートルほどの距離で気づいたのだ。だがその人は今回はハンドバッグを持っていなかった。

　つい横目でじろじろ見ていると、電車の揺れに合わせて左右に揺れながら、その女の人は欠伸をした。そのとき開いた口から例の鋭い目つきの毛玉が一瞬覗くのを見て、タカシさんははっと我に返った。

　そして子猫と目が合う前に、あわてて隣の車輛に移動したそうだ。

まちがえた帰宅

エミさんは職場の飲み会の後、電車がなくてタクシーを使った。車を降りてから、ふらつく足取りで建物に入りエレベーターに乗り込む。かなり飲み過ぎたようで壁によりかからないと立っていられなかった。エレベーターを降りて壁や手すりによりかかりながら通路を進み、ようやく部屋の前にたどり着いたところで違和感をおぼえた。

自宅ではなく、二年前まで住んでいた部屋の前に立っていることに気づいたのだ。どうやら朦朧(もうろう)とした意識で運転手に以前の住所を告げてしまったらしい。しかも建物を見て気づかず、部屋まで来てしまうなんていくら酔っているとはいえどうかしている。そう苦笑しながらエミさんはドアを見つめた。

ドアの横のプレートには〈秋沢〉という字が書かれていた。もちろん知らない人だ。いったいどんな住人が今は暮らしているのかな、と思いながらしばらくじっとプレートとドアを眺めていた。

そのときドアがすっと音もなく開いた。これにはエミさんも焦って移動しようとしたが足が思うように動かない。どう言い訳しようかと必死に考えていると、ドアの隙間は十五センチくらい開いたところで止まっていた。

中から漏れてくる明かりもないようで、エミさんはおっかなびっくり隙間を覗いてみた。すると床付近から何か棒のようなものが突き出てドアに挟まっていた。思わず凝視してしまってからようやくそれが人間の足だと気づいた。

足首までトレーナーのような灰色の衣類に包まれ、白い靴下を履いた大人の足だ。たぶん男性。ぎょっとしてエミさんは後ずさりながら奥に視線を向けるが、暗くて足の途中までしかわからない。だが位置からして座っているか寝ているかどちらかだろう。いずれにしてもかなり異様な体勢だ。

すみません、すみませんと小声で謝りながらエミさんはエレベーターに向かう。だが方向を間違えて階段の入口に踏み込んでいた。背後からずるずると何かが床を引きずられるような音がした。ぞっとして階段を駆け下りようとして、酔いのせいで足がもつれた。

あちこちぶつけながら転がって踊り場に倒れ込むと、ずるずるという音がなおも頭上から聞こえてくる。見ると白い靴下を履いた足が階段の最上段から少しずつはみ出してくるところだった。

ひゃっと声を上げ、エミさんは無我夢中で階段を半ば転がるようにして下りていった。一階にたどり着き、建物から飛び出すと闇雲にタクシーを止めて乗り込んだ。乱れた息でどうにか今度こそ正しい住所を告げ、ようやくシートに身を預けると道端からじっとこちらを見ているような視線を感じた。

動き出したタクシーの窓から、灰色のトレーナーを穿いた白靴下の足が見えた。一瞬のことだったが上半身ももう一本の足も見当たらず、ただ片足だけがぽつんと歩道に立っているようにしか見えなかった。

見たのは足だけだったにもかかわらず、エミさんは刺すような邪悪な視線を感じたという。その視線の感覚はマンションが遠ざかってもしばらく消えなかったが、タクシーが地元の有名な神社の前を通りかかったとき、糸が切れるようにふっと消えるのを感じたそうだ。

それ以来、同神社のお守りを肌身離さず身に着けているというエミさんは、なぜか今でも酔ってタクシーに乗ると、まちがえて以前の住所を告げてしまうことが時々あるそうだ。

幸い途中で気づいて引き返せているが、それもお守りの効力だと信じているという話である。

背中

今から二十年以上前のことだが、ツバキさんは部活の帰りに夜道を歩いていた。

すると、少し先の路上でうずくまっている女の人がいる。

トウモロコシ畑と自動車工場跡に挟まれた道で、近くに民家はなかった。

暗闇で身動きもせず、声も出さずじっとうずくまる姿はかなり気味が悪かったという。

別の道に遠回りしたかったが、そのときは同じく部活帰りの弟が一緒にいた。

姉として、困っている人がいたら積極的に声をかけるという手本を見せなくては。

そう思ってツバキさんは女の人に近づいていったそうだ。

だが二、三メートルの距離まで来て、ツバキさんはぎょっとした。女の人の丸めた背中に血のような染みが浮かんでいるのに気づいたのだ。

「大丈夫ですか？　救急車を呼びましょうか？」

そう声をかけてみたが、女の人は返事をしなかった。

うずくまってこちらに背を向けたままぴくりとも動かない。

もう一度ツバキさんが声をかけると、

「ヨバナイデ、キュウキュウシャ」

そうか細い声がしたのだが、答えたのは女の人ではないようだ。

見れば背中の染みが人の顔のような形に変わっていた。

それはツバキさんの弟の顔にそっくりだった。

思わずふりかえると、弟はきょとんとした顔でツバキさんと目を見合わせた。

「ヨバナイデ、キュウキュウシャ」

さっきよりも少し強い調子で、同じ声が夜道に響いた。

それからどうやって家に帰ったのかツバキさんは覚えていない。

弟の話では、二人で競うように家まで全力で走って逃げたのだそうだ。


大人になってからも弟に会うとこの晩の話をすることがあるが、年々話が食い違っていくのをツバキさんは感じているという。

彼女が記憶しているのはおよそここに書いたような話で、弟も当初はそれに同意していたはずだ。

ところがそのうち弟は「女の人の背中には包丁が刺さっていた」と言い出した。

そして自分の顔とそっくりな染みなどはなく、その包丁の刺さった傷口から声がしたと主張しはじめたのである。

やがてその主張も変え、女の人の背中に血染みもなければ包丁も刺さっておらず、聞こえた声も「呼んで下さい、救急車」だったと言い張るようになったらしい。

さらに去年会ったときには、そもそも女の人は足を骨折してうずくまっていたのであり、近くの公衆電話からツバキさんが救急車を呼んで、無事搬送されていったというただの人助けの話に変わってしまっていた。


にもかかわらず、この話をするとき弟はひどく怯えた表情になるのだ。

まるで本当のことを思い出したくないから、必死で記憶を書き換えようとしているように見える。だからツバキさんも弟の主張を強く否定することはなく、最近はなんとなく話を合わせるようにしているそうだ。

猿のお面

とある元歌手の女性の子供時代の出来事である。

仮にA子さんとするその人が小学生の頃、地元の子供会で、ある団体から招待されたクラシックのコンサートを聴きにいった。会場となるホールまでは貸切のバスで移動し、車中はちょっとした遠足のように盛り上がったという。

コンサートが終わり、帰りのバスは行きとは打って変わって疲れて眠っている子も多かった。いつもより少し早起きだったのでA子さんも眠くなりうとうとしていると、車内のスピーカーから声が聞こえてきた。

女の人の声だ。だがそのバスにガイドさんは乗っていなかったし運転手は男性だった。引率のお母さんの誰かがマイクを借りて喋っているのかな、と思って目を開けたけれどどうもそんな様子はない。そもそも誰もスピーカーからの声に気づいていないかのように無視して眠ったり、ぼんやり外を眺めたりしている。A子さんだけが気にしてしきりにスピーカーのある天井あたりを見ているのだ。

だがそのとき声がどんなことを話していたのかは思い出せない。何かバスの中で話すにはふさわしくない、すごく場違いなことが語られていたような気がするのだが、それ以上のことが記憶になかった。早口でまくしたてるような、ちょっと人を小馬鹿にしたような話し方だったことは覚えているらしい。

で、不安になったA子さんは隣で寝ていた友達を揺り起こして、

「ねえ変な声がスピーカーから聞こえてるでしょ？　これってなんなのかな」

そう訊いたらその子は返事する代わりに寝ぼけた声で、

「今すごく不思議な感じのお芝居を観にいく夢を見てたの。A子ちゃんも隣の席で観てたんだよ？　本物みたいな猿のお面をかぶった人たちがお互いをナイフで刺し合って、本当に血がたくさん流れてたのがちょっと怖かったけど、最後はハッピーエンドでよかったね」

それだけ言うとまた寝息をたてはじめた。

呆気にとられたA子さんが気がつくともうスピーカーからの声は止んでいた。

到着までずっと起きて耳を澄ませていたけれど、二度とその声は聞こえてはこなかったそうだ。

家に帰ると両親がなんだか慌ただしく着替えたりどこかに電話したりしていた。

A子さんがコンサートのことを話そうとするのを遮り、母親が「ちょっとおばあちゃん

のところに行かなくちゃいけないからお留守番頼んでいい？」と言う。それを聞いた途端に「おばあちゃん危ないんだ」とA子さんは思った。少し前から入院していて、お見舞いに行ったときひどく痩せて顔色が悪かった印象があるからだ。

まだ幼稚園生の弟は一緒に連れていくことになった。ごはんは用意してあるから温めて食べてね、帰りは遅くなると思うと言って両親は出かけていった。A子さんは一人の家の中が寂しくてテレビを大きな音でつけっぱなしにして、さっきバスで隣だった友達の家に電話をすることにした。おしゃべりをして気を紛らわせたかったのだ。お姉さんが出たので友達に代わってもらって、少し話したとき電話にノイズが混じった。

パチパチという音が入って聞き取りづらく、何度か聞き返していたらいつのまにか友達はまたさっきの夢の話をしていた。

「……ハッピーエンドって言ったのはほんとは嘘でね、猿のお面をかぶった人たちは次々床に倒れて動かなくなったんだよ。そしたら猿の顔が、お面なのにちゃんとどれも死体の顔になったの。死んだ猿の顔になって、それをかぶっている役者さんの手足がだんだん骨になってきて……」

そこでまたノイズが大きくなって、気がついたら電話は切れていた。だがもうかけ直す気にはなれず、A子さんはテレビの前に座って、食欲がわかなかったのでご飯にも手を付けずに両親たちが帰ってくるのを待った。

テレビのバラエティ番組が終わってニュースが始まり、A子さんがソファでうとうとしていたら玄関の開く音がした。あっ帰ってきた！　と思って立ち上がった彼女は部屋の様子がおかしいことに気づく。壁の色が違うし天井もなんだか低い、それに床が地面のように凸凹（でこぼこ）している。

しまった、これは夢の中なんだと思って固まっていると、小走りの足音が廊下に響いて部屋に入ってきたのはさっき電話で話した友達だった。友達は猿のお面をかぶっている。でも彼女が夢で見たと話していたリアルなお面ではなく、キャラクターっぽい可愛い顔の猿だ。

なぜかお面を取ろうとしない友達とソファに並んで座り、A子さんは一緒にテレビを見た。

ニュースはなにか大きな事故や紛争の現場を伝えているようで、緊迫した空気が伝わってくるが具体的に何が起きているのかわからない。

その画面を見ながら友達はお面をつけたまま愉快そうに笑っている。

A子さんは友だちに合わせて笑おうとするが、血まみれの人や手足がおかしな向きに曲がった人が担架で運ばれる映像を見て顔が引きつり、涙が出てしまうのを感じた。

そんな彼女を友達はお面の中から不思議そうに眺めていたという。

気がつくとA子さんは自分のベッドに寝ていた。ソファで眠っているのを帰宅した両親が見つけ、寝床まで運んでくれたらしい。おばあさんは幸い容態が持ち直したとのことで、両親と弟は日付が変わる前には帰宅していたようだ。

翌日学校へ行くとゆうべ電話で話した友達が登校していなかった。心配したA子さんが帰りにその子の家に寄ると、家にはお姉さんだけがいた。お姉さんの話ではその子はゆうべA子さんと電話で話している最中に急に倒れ、そのまま意識を失って救急搬送されたらしい。今は入院していて両親が付き添っているがまだ意識がもどらないままだという。

A子さんは大きなショックを受け、それから毎日友達の回復だけを祈り続けた。親や先生が言うには友達の今の状態は病気ではなく、転倒したときに頭を床に強く打ちつけたことが原因らしい。

自分で転んだとはとても思えないような、頭蓋骨が割れ顔が大きく腫れあがるようなひどい怪我をしていたのだと、母親が誰かと電話で話しているのを聞いた記憶がある。A子さんは両手が氷を握ったように冷たくなっていくのを感じた。あの晩電話さえしなければ友達はそんな怪我をすることはなかったはずだと思い、彼女は自分を責め続けた。

一週間ほど経ったある日、A子さんが家でテレビを見ていると近くで電話をしていた母親が「変ね、なんだかパチパチ音がして声が聞こえない」そうぶつぶつ言い始めた。

困り顔で受話器を見つめている母親のほうを見てから、A子さんはテレビに顔をもどした。すると画面が今まで見ていたアニメではなく暗い感じの舞台の映像に変わっていた。CMかと思ったがそうではなく、個人撮影したビデオのようにだらだらと映されている画面の中で、舞台に棒立ちになっている人々がみなリアルな猿のお面をかぶっていることに気づいた。

思わず声を上げると母親が驚いてこちらを見たが、母親の目にはテレビ画面にアニメのエンディングが流れているようにしか見えなかったそうだ。ただA子さんだけが直立不動の醜い猿のお面の集団が延々と映し出される画面を、数分後に突然CMに切り替わるまで眺め続けた。

たった今見たものについて母親に泣きながら話したA子さんは、コンサートの帰りのバスでのことからこれまでの出来事をすべて打ち明け、友達が意識不明になったのは自分が原因かもしれないと訴えた。だが母親は泣きじゃくるA子さんをなだめながらもどこか困惑した様子で、「そういうこと絶対他人に話しちゃだめだよ、A子の頭がおかしいって思われるんだからね」と言うだけで何も優しい言葉をかけてはくれなかったという。

それから二日後、奇跡的に回復したA子さんのおばあさんが退院したのと同じ日に、友達は意識不明のまま病院で息を引きとった。

A子さんはクラスのみんなと一緒に友達の葬式に出ることはできなかった。葬式の日は原因不明の高熱を出してうなされ、何かお面のようなものを着けてジャングルのような鬱蒼とした場所を一人ぼっちでさまよう夢を延々と見続けていたのだ。

現在四十代になるA子さんは猿が怖くて動物園の猿山などはもちろん、映像や写真でチンパンジーやゴリラなどを見かけただけでも目を閉じてしまうほどなのだが「そういうことが子供の頃にあったのが原因なんですよ」とのことだった。

彼女が歌手を辞めた理由も「モニターから気味の悪い声が聞こえることが度々あった」からで、ここに記した一連の出来事と関係があるようだったが、そちらについてはまだ日が浅くて語る気になれないとのことである。

小田イ輔

お祭りの音が聞こえる

A氏の息子が小学二年生だった頃、夏休みに入ってすぐのこと。

「夜中に突然起きてきて『お祭りの音が聞こえる』と言うんですね」

時計を見れば午前二時、普通に考えて祭りなどやっている時間ではない。

もちろんA氏にも、隣りで寝ていた奥さんにも、それらしき音は聞こえていない。

一応、寝室の窓を開け耳を澄ましてみたが、聞こえてくるのは虫の鳴き声のみ。

息子はなんだかボヤっとした様子で「お祭りに行きたい」と訴える。

「寝惚(ねぼ)けているんだろうと思って、子供部屋に戻したんです」


あくる日の朝、息子に昨晩のことを訊ねてみたが、憶えていないようだった。

「まぁ寝惚けていたのなら仕方がないよねって、妻と笑ったんです」

八月に入れば地区の盆踊りや、町の祭りがある。

前年に行ったそれら楽しい思い出を夢にでも見たのだろう、A氏はそう思った。

「子供って単純で可愛いもんだなと、頭撫でたりして」

その日の晩、午前二時。

息子は再び両親の寝室にやってきて「お祭りの音が聞こえる」と言った。

「二日連続でこんな寝惚け方する？　って妻と顔を見合わせました」

前夜のようにボヤっとした顔で「お祭りに行きたい」と呟く。

「コイツ、どうしたんだろうと」

様子を見るかぎり、ふざけているようにも見えない。

なんとなく不安を覚えたA氏は、息子を子供部屋に戻さず、その夜は川の字で眠った。

朝になり、朝食を摂りながら昨晩のことを息子に話したが「わかんない」との返答。

「妻が『やっぱり一人で寝かせるのは早かったんじゃないの？』って」

確かに、他に兄妹もいない一人っ子、言われてみればそうかもしれない。

寂しいとか怖いとか、そういう感情の表出として「寝惚ける」のではないか？

そうであれば、自分たちと一緒に眠れば夜中に起きることもあるまい。

A氏は、その夜も自分たちの寝室に息子を招き、三人で眠ることにした。

しかし――。

やはり午前二時、息子は「お祭りの音が聞こえる」と、寝入っていた両親を揺すった。

「三度目の正直じゃないですけど、なんかおかしいなと感じました」

A氏はいよいよ不安になった。

「ちょっと普通じゃないかもしれないなと、どうにも気味が悪くて」

寝惚けているとはいえ、あまりにもぼんやりとし過ぎている息子。

彼は心ここにあらずといった調子で「お祭りに行きたい」と繰り返す。

するとA氏と同じように首をひねっていた奥さんが、おもむろに「お祭りの音はどっちから聞こえるの？」と問うた。

問われた息子は逡巡もせず「あっちの方」と窓の外を指差す。

「そしたら妻が『じゃあ行ってみようか、お祭り』と言うんです」

内心ぎょっとしているA氏を尻目に、奥さんは「なんだか面白そう」と着替えを始めた。

まさか二人だけで行かせるわけにもいかないため、A氏もそれに続く。

「結局、三人で車に乗り込んだんです。時間も時間だし、寝惚けた子供の言うことを真に受けるのはどうかとも思ったんですが、不安半分、好奇心半分っていう心境で」

息子は例のボヤっとした顔で、両親が「どっち？」と訊くたびに「あっち」「そっち」と行き先を指差す。

Ａ氏はそれに従って車を進める、やがて車は幹線道路を外れ、郊外へと向かった。

「もう自宅から直線距離で数キロは離れていました。仮にお祭りをやっていたとしても、その音がうちの寝室にまで聞こえてくるわけがない距離です」

いったいどういうことなのか？　迷いなく方向を指し示す息子に寒気を覚えつつ、辿り着いたのは隣り町との境、小さな神社へ続く長い石段と鳥居の前だった。

当然、祭りなど行われていない、が、それっぽい場所には着いてしまった。

見れば、後部座席の息子はすやすやと寝息を立てている。

「直前まで指差しでナビをしていたんですが、同じく後部座席にいた妻によれば、神社が見えてきた辺りで意識を失うように眠りだしたんだそうです」

Ａ氏と奥さんは顔を見合わせ、どちらからともなく互いに小さく首を振った。

これまでその存在すら知らなかった縁もゆかりもない神社。

車から降りてみる気にはとてもなれなかったそうだ。

「そのまま自宅に戻りました、結局、真相は謎のままです」

朝になってそれとなく息子の様子を窺ってみたが、これまでと同様に前夜の記憶がないようだった。

「幸いなことに、それ以降、夜中に起きることもなくなったので、とりあえず良しということにしました。あと、これは妻とも意見が一致しているのですが、この一連の話は息子には話さないようにしているんです。親のカンというか、どうも嫌な感じがするので、あの神社に興味を持ってほしくないいんですよね」

息子は現在、大学生となり元気に過ごしている。

二十歳を過ぎた頃から時々、幼い頃の思い出として「どこかの神社の楽しい夜祭りに行った話」をするのだが、そのたびに夫婦で知らないフリをするという。

やつらのニオイがする

三十代の女性、Ｅさんのお話。

彼女はニオイに敏感なのだという。

「芳香剤とか香水とか、人工的なニオイは強すぎて具合が悪くなることが結構あります。食べ物ですら、モノよってては口に入れられなかったりしますね」

生まれつきなのかと訊くと、どうもそうではないらしい。

「子供の頃は平気だったんですが、中学生ぐらいからかな、急に過敏になってきて」

以後、齢を重ねるごとにその感度は増すばかり。

「普通に暮らしていれば日常的に色んなニオイに晒(さら)されるので、気にし過ぎるのは良くないなってわかってはいるんですけど、こればかりは体質なので」

気の毒なことだと思いつつ話を聞いていると、彼女が妙なことを言った。

「それらしい発生源が見当たらないのに、なぜかニオイだけするなんてこともあって、さすがに自分でもおかしいなと感じていています、なんなんでしょうか」

一人暮らしの自宅マンションに香る、買ったこともない香水の匂い。

勤め先の小綺麗なオフィスで何度もすれ違う腐敗臭。

冬の夜道を魚の煮つけのようなニオイに付きまとわれたこともあるそうだ。

「魚の煮つけの時は、電車を乗り継いで移動しているのに、目的地に着くまでずっと醤油(しょうゆ)とショウガとサバのニオイがし続けました。煮つけなんて作っても食べてもいないのに」

発生源のないニオイなど存在しない、では彼女が嗅いでいるのは何なのか。

「だからやっぱりおかしいなって。でも、そういうことってニオイ以外ならあるらしいじゃないですか？　なので今日、小田さんに話を聞いてもらっているんです」

何のことだろう？　まったくピンと来ずにいる私に彼女は言う。

「いわゆる『幽霊』って、そういうものですよね？」

なるほど、確かに私はこれまで「その場に存在しない」ものを「見て」しまう人たちの話をたくさん伺ってきた、すると――。

「そうです、私、そういったものを『見る』ことはできないんですけど『嗅ぐ』ことができているんじゃないかなと思っていて」

となると、彼女の部屋で香る「買ったこともない香水の匂い」や、オフィスですれ違う「腐敗臭」などは、別なフィルターを通せば何某(なにがし)かの像を結ぶということ、だろうか？

「どうなんでしょう、そもそも一般的には『存在しないモノ』なんでしょうし、ただ、もしそうだったら……」

香水の匂いはまだしも、腐敗臭となると。

「ニオイだけ感じているので、それを『嫌だな』とは思っても『怖い』とは思わないんですよね、でも、想像しちゃうと怖いな……こういう場合って、気をつけたりした方がいいんでしょうか？」

と言われても一介のライターである私には答えようがない。

もちろん何事においても、気をつけないよりは気をつけた方がいいだろうけれど。

「まぁ、そうですよね、そもそも、どう気をつければいいんだって話だし……」

特にアドバイスできることはなかったが、間違いなく面白い状況であるため、今後、定期的に体験談を提供して頂けるようお願いし、彼女と別れた。

タンスの味がする

「それってどんなだったの？」

「何か細い煙みたいなヤツです、人の形をして子供ぐらいのサイズの」

「事故物件とかではないんだよね？」

「ないです、そもそも一年ぐらい住んだ後、急に出てきたので」

「他の人には見えない？」

「そうみたいでしたね、友達が来た時も誰一人反応しなかったし」

「幽霊、なのかな？」

「なんだったんでしょうか、そもそも幽霊ってどんなものか知らないんで」

「たぶんそういうヤツだと思うんだけど、確かに俺も見たことないしな」

「比べようがないんでわかんないですよね、幽霊だったのかどうか」

「そうだね、言われてみればそうだよね」

「まぁ、妙なナニカではあったんだと思います」

「うーん、でも、見えるだけなら見えるのかも……」

「脳の話とかっていうことですか？」

「そうだね、幻覚とか、幻聴とかそういう」

「幻覚ではないと思いますよ、多分ですが」

「そうなの？　どうして？」

「そいつ、煙草の煙を避けるんですよ」

「避ける？」

「そう、フーって煙を吹きかけると嫌そうに体をよじる」

「ほんと？」

「ほんとです、そんでタバコ吸ってるうちは出てこなくなる」

「っていう風な幻覚っていうことも有り得るよね？」

「いや、だから僕、それ見て思ったんですよ」

「なにを？」

「コイツ、煙とか混ざっちゃう系のやつなのかなって、だから嫌がる」

「体っていうか、それを構成しているものにっていうこと？」

「そうそう、だからこう、粒みたいなものの集合とかなのかもと」

「あー、でもそういう幻覚っていう──」

「だから吸ってみたんですよね」

「え？　何を？」

「ソイツを」

「吸えたの？　掃除機かなんかで？」

「いえ口で」

「え？　口で吸ったの？　というか、吸えたの？」

「そうです、別に僕が近寄っても避けないんで」

「肺で？　タバコ吸うみたいに？」

「はい、吸いごたえとかなかったんで目視で吸えてるなって確認しながらですけど」

「目視で？　減ったりしたの？　大きさ変わったりとか」

「減ったっていうか全体的に薄くなりましたね、白っぽい色が透明に近づいた」

「ええ？　それでどうなったの？」

「一回目で結構薄くなったので、その後、呼吸整えながら何回も」

「何回も吸ったの？　一回でなく？」

「そうです、全部っていうか、見えなくなるまで吸いました」

「なんでそんなことしたの？　病気になったらどうすんの？」

「いや、その時点では僕も幻覚かなって思ってたんで」

「幻覚を吸うってのも大概だけども」

「自分の想像力にチャレンジみたいな？」

「え、じゃあやっぱり幻覚だったの？　吸える幻覚？」

「うーん、でもその後で吐いたんですよね」

「何を？」

「水、けっこう大量に」

「水？　なんで？」

「わかんないです、飲んだ覚えもない水が大量に吐き出されたという」

「いやいや、他人ごとみたいに言わないでよ」

「それでその水、タンスの中みたいな味がしました」

「なにそれ、タンスの中って味するの？」

「強いて言えばです、強いて言えばタンスの中みたいな味」

「っていう幻覚？　幻味？」

「水は結構吐きましたからねぇ、ビックリするぐらい」

「幻覚吸うと水になる？」

「いや、その方が有り得なくないすか」

「いやー、わからん、なんなのその話」

「僕だってわかんないっすよ、なんであんなに水吐いたのか」

「その後、健康？」

「大丈夫です、普通に健康」

「で、ソイツは結局どうなったの？」

「吸って水吐いてからは出なくなりました」

「いやあ、まいったな」

「まぁ、僕んとこのはそんなのだったってことで」

何か轢いた感覚がある

Ｂ君はその日、二十時前に家を出た。

「風呂に入った後だったんすけどね、ちょっと涼もうと思って」

真夏のこと、土曜の宵に、夜風に当たりながらのドライブ。

車内で音楽をかけ、鼻歌を歌いながら進むうち、やがて気分が高揚してきた。

「ちょっとスピードを出したくなって、人気(ひとけ)のない県道に入りました」

左右を雑木林に囲まれ、街灯もまばらな一本道を進んでいく。

対向車がやって来る気配はない、Ｂ君は窓を開けアクセルを踏み込む。

流れ込む冷たい空気に当たりながら直進していると、不意に路肩から何か出てきた。

「こう、白いものが、にゅっと、押し出されたみたいに」

急ブレーキをかける間もなく、目前のそれを轢(ひ)いてしまったと彼は言う。

「車の片輪がちょっと浮き上がった感じがあって、やっちまったなと」

野良猫だろうか？　タヌキやキツネではなさそうだが。

どうあれ動いていた以上、何か動物であることは間違いない。

白い猫か、あるいはハクビシンがライトに当たって白く見えたか。

「そうは思ったんすけど、なんか……」

どうも、違うような気がしたらしい。

あれは、本当に動物だっただろうか？　と。

「なんか、人の赤ちゃんのように見えたというか……白い服を着ていて……」

真っ暗い夜道の路肩から、急に赤ちゃんが出てくるわけがない。

「自分でもおかしいとは思ってましたよ、でも変に気になっちゃって」

動揺しながら運転を続け、それを轢いた地点から既に数キロ先まで来ていた。

「で、結局、戻ることにしたんすわ」

さすがに違うだろうと思いつつ、しかし万が一ということもある。

もしそうなら自分は轢き逃げの犯人だ。

どう考えても道理が立たないが、脳裏に残る一瞬の違和感が彼を焦らせた。

まさかまさかと思っているうち、例の直線にさしかかる。

轢いたのがどの辺だったか、もはや定かではない。

ただ間もなく、潰れている何かが嫌でも目に入って来るはず。

白猫か、ハクビシンか、赤ちゃんか。

「それが、何もないんすよ、確かに何かを轢いたはずなのに」

ヘッドライトで照らされた道路に、それらしきものは一切見当たらなかった。

何度もUターンを繰り返し確認したが、何事もなかったかのような路面があるのみ。

轢かれた後、仮にあれがまだ生きていたのだとしても、血痕ぐらいあっていい。

「一応、車から降りて周りを確認してみたんすけど、何もない」

周囲は誰もおらず静まり返っていて、後続の車や対向車が来る気配もない。

気のせいにしてはリアルすぎた、現に自分はこうやって現場に戻って来てもいる。

一体なんだったのか、実はやっぱりタヌキやキツネで、化かされでもしたのだろうか？

考えたところで答えは出ない、結局、妙な気分のまま帰宅したそうだ。


「で、次の日なんすけど」

前夜のことが尾を引き、タイヤ周りを何度も確認するなどしたが何も異常はない。首をひねりつつ、どうも気持ちが落ち着かなかったB君は再び例の県道に向かった。

「明るいうちに確認したら何か痕跡ぐらい見つかるんじゃないかと思って」

着いた先で、ぎょっとしたという。

「いや、あの直線のところ、ガードレールが、こう、ぐしゃっとなってて」

明らかな事故現場、見れば近くに花や缶コーヒーなどが供えてある。

「供えられてから四、五日経ったような、ちょっとくたびれた感じの供物で」

すると、昨晩もこうしてここにあったことになる。

「いや、だから、不思議なんすよ。あれだけ何度もUターンして見回ったのに、あの時、それらに一切気付かなかったっていうのが」

他のことに気をとられていたとはいえ、気付かないで済む状況ではなかった。

「ガードレールがひしゃげてる上に供物っすからね、見落とすハズないんすよ」


後日、B君は地元の新聞を遡って調べてみたらしい。

記事によれば、彼が白い何かを踏んだ日の一週間前、同じ場所で単独の死亡事故が起きており、三十代の男性が亡くなっていたとのこと。

「やっぱあの白いの、赤ちゃんだったんじゃねぇかなって。幽霊？　とかそういうのだったのかなと……なんで赤ちゃんだったのか、どういうアレなのかはわかんないっすけど、人が死んでるんだし……何も関係ないっていうことはないんじゃないすかね？」

おかしくなってる自分が見える

その日、Cさんの家では、父親の通夜が行われていた。

態度は大きく、稼ぎは少なく、酒とギャンブルが大好きな父だった。

「まぁ、だから貧乏ですよね、お葬式をあげるお金にも困るぐらいで」

父とは幼馴染だという近隣の寺の住職が「昔からの付き合いだから」と、懇意にしている葬儀会社を手配してくれ、お布施も受け取らずに葬儀の一切を取り持ってくれていた。

「外面(そとづら)だけは良い人でしたから、沢山の人がお線香をあげにいらっしゃいました」

酔っぱらって寒空の下で眠ってしまい、そのまま逝ってしまった彼女の父。

弔問客たちは故人を前に苦笑いで手を合わせ、生前を偲(しの)んだ。


当時高校生だったCさんは、父のことが心の底から嫌いだった。

そのため、亡くなったと知った時、思わずほくそ笑んだという。

「高校を卒業したら、母と妹を連れて逃げようと思っていたぐらいですから」

訃報からこれまでの間、常にうつむいて唇を固く閉ざしていたのは、涙ではなく笑いを堪えるため。

父親のいない今後の生活を考えただけで、背中に羽が生えたような気持ちになった。

葬儀など必要ないとすら考えていたが、母親の涙にほだされ渋々座った通夜の席。

住職が御勤めをしている横で「早く終われ」と思いつつ読経を聞いていた彼女は、不意に響いた「死にたくない！」という叫び声に顔をあげた。

母も妹も、その他の弔問客も、皆驚いたように声の方に目を向ける。

「死にたくない！　俺はまだ死にたくない！」

玄関の方から聞こえてくる聞き覚えのある声。

駆け寄ったCさんが見たものは、床に転がり体をくねらせ、喚きまくる自分の姿だった。

「あれ？　って思いました、そして、ええ？　って」

自分はここにいる、しかし目の前で床に転がっているのも、どうやら自分自身。

あまりのことに動転し硬直していると、それまでお経を唱えていた住職が立ち会がり、泣き喚いている当人に向かって「○○！　おめぇ俺の読経が気に入らねぇのか！」と一喝。

＊

話が込み入ってきたので本筋から脱線し、一旦ここで状況を整理したい。

「○○」とは父親の名前である。住職はどうやら娘の体に父親の霊が憑依したのだと判断し、彼に向けて言葉を放ったようだ。しかしややこしい話なのだが、肉体を父親に乗っ取られた当のCさんの魂は、それと気づかぬまま、しばらく前から通夜の席に座っていたらしい。


「多分、あの時の私、いつの間にか、いわゆる『幽体離脱』をしていたんだと思います。はじめてのことだったので自分ではまったく自覚なくて、どうして目の前に自分が？　ってビックリしたんですけど、後から聞いてみたら母も妹も隣に座っていた私の姿が見えていなかったようで……もともと葬儀に出ることを嫌がっていたこともあり、私は二階の自室に籠っているのだとばかり思っていたそうです」


どのタイミングで父親が憑依したのか、彼女自身にもわからないという。

自分の体から追い出された彼女は、そうと気づかぬまま通夜の席につき、そして、死んだはずの父親は、娘の体を使い「死にたくない」と訴え始めた。

以下はその続きである。

＊

死んだ父親とは子供の頃からの付き合いである住職は、更に声を張り上げる。

「○○！　おめぇさんはもう死んだんだぞ！　甲斐性なしのおめぇに代わって、俺は手弁当で葬儀取り仕切ってんのよ、いつまでも悪たれんでねぇ！」

すると、娘の体を乗っ取った父親は、娘の顔でキョトンとし、やがて再び泣き出しながら「酒！　酒！」と叫んだ。

通夜の席は騒然とし、あまりの出来事に顔を青くする者まで出始める始末。

「酒！」の大声に根負けしたのか、住職がCさんの母親に「奥さん酒！」と指示を飛ばす。

腰を抜かして立てなくなっている母親に代わって、妹が台所に走り、生前父親が愛飲していた甲類焼酎の巨大ペットボトルを抱えてきて住職に手渡した。

住職はペットボトルの蓋を外すと玄関から外に出、皆が見ている前で逆さにして中身を流しながら「酒なんてもう無え！　そもそも大して飲めねぇくせにこんなモンに手ぇ出すから死んだんだぞ馬鹿が！」と啖呵を切った。

「その辺のタイミングだったと思います」

突然、Cさんの眼前に、ものすごい形相で睨んでいる住職が現れた。

幽霊のような立場からではあったが、一部始終を見ていた彼女は自身の視点が切り替わったことを自覚した、どうやら自分の体に戻れたようだった。

表情の変化を見て取ったのか、住職は「大丈夫か？」とCさんに声をかけ、頷いた彼女の前でホッとしたような顔をし「最後の最後まで人騒がせな奴だったな」と言って、彼女の頭を撫でた。


「後から聞いた話では、住職も相当切羽詰まっていたようです。喋り方が父そのものだったので『死にたくない！』って言い出した時にピンと来たみたいなんですけど、かといってどうすればいいのかわからず、気合で押してみたと言っていました」

結果オーライ、幼馴染だったからこそできた荒業とでも言うべきか。

父親が成仏したのかどうかは確かめようがない、今でも供養を続けてくれている住職の顔に免じて墓参りなどには行くが、死してなお迷惑を振りまいた父が本当に許せないとCさんは言う。

更に何より不愉快なのは、父親が自分の体に入ったことなのだと吐き捨てた。

「穢(けが)されたなって思います。何か具体的に不都合があるわけではないんですけど、単に不快なんですよね、一時であれ、この体に父親の魂みたいなものが入ってたことが」

その気持ち悪さに耐え切れず、高校在学中から三十歳の現在に至るまで、一日一度、必ずアルコールを飲むようになったそうだ。

「別に好きとかで飲んでるわけじゃないんです、少しでも父親の穢れを祓いたいので、消毒というか、そういうつもりで飲んでいます、飲まないと気持ち悪いんで」

しのはら史絵

学生寮にて

伊田さんは学生のとき、都内にある某国立大学の学生寮に入っていた。

「大学の構内にあったんだけど古くて汚い寮だったよ。一部屋に学生三人も入れるから狭いしさ」

入寮していなくても誰もが出入りでき、部活やサークルも部室として共用部屋を使用していた。

学生も管理運営に関わっていたため、自由度の高い寮であったという。

「僕が住んでいた部屋と同じ階に、〇〇思想研究会ってサークルの部屋があって。なんの研究をしているのかわからなかったけど、年がら年中お経を上げてるんだよね」

サークルに来ている全員で読経しているので、かなりうるさかった。とはいえ、サークルの活動は主に夕方である。伊田さんは授業が終わるとそのままバイトに行くことが多く、あまり気にならなかったそうだ。

「でもある日突然、深夜に大音量でお経を上げはじめて」

毎日バイトとレポートに追われて疲れていた彼は、急に起こされ無性に腹が立った。

文句を言ってやろうと一人で部室に乗り込むと、灯りは点いていたが部屋の中はもぬけの殻であったという。

ドアを開ける直前まで、大勢による読経は聞こえていた。

同室の二人も声に驚き、飛び起きてきたから夢ではなかった。

「もう訳がわからなくて、呆然としたというか。でも、誰もいない部室にいつまでいても仕方ないからさ」

戻ろうとしてドアノブに手をかけると、

「ぎゃーてぃぎゃーてぃ、はらぎゃーてぃ」

お経を唱える無数の声が、背後から聞こえてきた。

驚いて振り返った伊田さんの目に飛び込んできたのは、たくさんの坊主たちであった。

部屋の隅までぎっしりと、袈裟を着た坊主たちで埋め尽くされている。

彼らはみな棒立ちのまま、虚ろな目で伊田さんを見つめていた。

仰天した伊田さんが絶叫すると、瞬く間に消えてしまったという。

くだんの寮は取り壊されてしまい現在はもうない。昭和時代の出来事である。

殺したの

今から三十数年前、大渕さんは奇妙な体験をした。

ある日、仕事が終わり時計を見ると、まだ零時半発の終電に間に合う時間であった。

最寄りのターミナル駅まで急いで行くが、家に連絡を入れていないことに気がついたという。

入籍したばかりの妻から「帰る前には必ず電話をするように。また深夜まで残業するときは、前もって連絡してほしい」と、言い含められていたのだ。普段なら会社から電話をしていたが急いでいたこともあり、すっかり忘れていた。

この頃はまだ携帯電話が普及していない時代。

腕時計を見ると、最終電車が発車するまで自宅に電話するくらいの余裕はあった。

大渕さんは、改札口付近にズラッと並ぶ公衆電話へと足早に向かった。

いつもなら順番待ちで人が並ぶほど混んでいるのだが、そのときは電話を使用している人が一人もいなかったそうだ。

真ん中あたりの公衆電話の受話器を上げ、小銭を入れて自宅の番号を押す。

呼び出し音は鳴っているが、妻は一向に出なかった。

もう、寝ているのかな。

そう思った刹那、

「そう、殺したの」

という声が左隣から聞こえてきた。

驚いて左を見ると、小学生くらいの女の子が受話器を持ち、楽し気に話している。

髪はおかっぱ、丸顔で大きい目、ふっくらとした頬の可愛らしい女の子だ。

いつの間に、隣にいたのだろう。

というか、こんな夜中に幼い子が――殺したって、何の話だ。

様々な疑問が湧き上がってきたが、女の子は相変わらず「うん、私が殺した」と、にこやかな顔で物騒なことを話している。

近くに親御さんはいないのかと周囲を見渡すが、誰もいない。

異様な状況を目の当たりにし、受話器を持ったまま呆然としていると、

「そうそう、だから殺したよ」

今度は右隣から声がした。反射的に右を見てみると〈今、左にいる女の子と瓜二つの子〉が、電話の受話器を持って話している。

自分の左にいた女の子が、右に移動したわけではない。右にも左にも寸分違わぬ容姿をした子供が、背筋が凍るような言葉を一斉に口にしているのだ。

「殺したのは私だから」「だって、殺すしかなかったんだもん」「殺しちゃったから」

二人の子供の電話の相手——誰と会話をしているのか皆目見当もつかない。が、とにかく自身が〈何か〉を殺したと、大渕さんの両隣で延々と語っている。

この世のモノじゃない——。彼はすぐさま電話を切り、その場をあとにした。

後ろを振り返らず全速力で改札を抜け、ホームまで走った。息を切らしながら腕時計を見ると、最終電車はあと二分ほどでくる。

先ほど見たのは、何だったのか。

追いかけてくるかもしれないという恐怖で、いま来た道を振り返ることさえできない。

早く早く電車よ来てくれ、と祈りながら大渕さんはただ震えて待つことしかできなかったという。

車内は空いていた。

電車に飛び乗る際、思い切って辺りを見回してみたが、それらしい姿は見当たらなかった。シートに腰かけ、ここまで来れば大丈夫だと、安堵のため息をもらす。

この電車に乗れば、あと五駅で自宅の最寄り駅に到着する。気が緩んだこともあり、先ほどの自分の慌てようを思い出すと実に滑稽で、笑いがこみ上げてくるのを必死でおさえていた。

きっと、疲れているんだな。自分はまだ二十代後半。学生時代はラグビー部に所属していたこともあり、体力には自信があった。けれども、知らず知らずのうちに疲労をため込んでいたのかもしれない。

疲れのせいで、何か見間違えたのだろう。そんなことを考えていると、ふと視線を感じたという。顔を上げると、先ほどの女の子がいた。乗ったときにはいなかったはずの女の子は車両の後方、一番隅の席に座りこちらをじっと見つめている。

限界がきた大渕さんは、たまらず席を立った。

あれは幻覚だと自分に言い聞かせても、勝手に足が動いていた。電車の揺れに足を取られそうになる。それでも前の車両に移り、中ほどまできて振り向くと、女の子はついてきていた。先ほどと同じように車両の後方、一番隅の席に座り黙って彼を見つめている。

次の車両へ、そのまた次の車両へと逃げても女の子はついてきた。

とうとう、先頭車両まできてしまった。もう逃げ場はない。

次の駅で降りてタクシーで逃げるしかないと考えていると、そこでまた異変に気がついた。乗車してから随分時間が経っているはずなのに、この電車は一度も駅に停車していない。各駅停車なのに、だ。

今はどこを走っているのか確認しようと窓を見ると、窓ガラスに女の子の姿が映った。女の子は大渕さんの斜め後ろにいた。窓ガラスに映る大渕さんの顔を、下から睨みつけるようにして立っていたという。

驚愕した彼は思わずその場にしゃがみ込んだ。鞄を胸に抱え震えながら目をつぶり、消えろ消えろと頭の中で唱えていると、急に辺りが静かになった。ガタンゴトンという電車の走行音がまったく聞こえなくなったのだ。そればかりか、外の空気――夜風のようなものまでが、彼の身体にあたっていた。

大渕さんは恐る恐る顔を上げてみた。目の前には彼の自宅があったという。

いつの間に――。

フラフラと立ち上がり家に入ると、妻が青ざめた顔で出迎えた。連絡もなしに大渕さんが帰ってこないから、事故に遭ったのではないかと心配していたと妻が言う。

そう言われて時計を見ると、夜中の三時を過ぎていたそうだ。

受け取ってください

穂香（ほのか）さんは高校を卒業してからすぐ、就職先のある都内に引っ越してきた。

一年前に父を亡くし、母親と二人で生きるために越してきたのだ。

新居であるアパートは狭く、引っ越し当日に今まで使っていた冷蔵庫を入れるのにも苦労したと、苦笑しながら語ってくれた。


新しい生活をはじめて四か月ほど経った頃。

仕事が終わり家路についた穂香さんは、ふと、いつもと違う道を通ってアパートまで帰ろうと思い立った。知人のいない東京での慣れない生活、また会社での人間関係にストレスを感じ、遠回りになるが軽く気分転換がしたかったのだ。

夕方の買い物客で賑わっている商店街の路地裏に入り、左に曲がった。そのまままっすぐ人気（ひとけ）のない道を進んでいけば、自宅付近につくだろう。

ブランコのある公園、道路わきに咲いたヒナゲシ、家と家の間にある小路には、子供が遊んだあとであろうチョークで描いた落書きが残っている。

夕映えに包まれた町を歩いていると、父と過ごした田舎での暮らしを思い出し、思わず涙があふれてきた。

母親が自分の泣き顔を見たら、心配するに違いない。立ち止まりハンカチで目頭をぬぐう。もう大丈夫だと自分に言い聞かせ、笑顔を作った。涙が止まり歩きだすと、向かう先から白髪頭のお婆さんが歩いてくるのが見えた。

会釈をして通り過ぎようとしたが、お婆さんはニコニコと笑いながら穂香さんのすぐ目の前までできてこう言ったという。

「受け取ってください」

差し出してきたしわくちゃな両手の上には、黄色い折り鶴がのっていた。

突然のことで驚いた穂香さんであったが、断ると悪い気がしてつい受け取ってしまったという。

帰宅すると母親もパートから戻っていた。

折り鶴を見せながら先ほどのことを話すと、「ああ、あのお婆さんね」と、教えてくれた。

母もあの道で出くわしたことがあるそうで、お婆さんの身の上はパート先で聞いていたのだ。

いわく、近所でも有名なお婆さんらしかった。認知症を患っていて理由はわからないが、自分で折った鶴を「受け取ってください」と、誰彼かまわずにお願いするそうだ。

「身よりのない一人暮らしのお婆さんだって。ときどきヘルパーさんが看てるようだけど」

ヘルパーの目を盗んでは、鶴を持って外に出て行ってしまうらしい。

ただ、自分の家から遠くには決して行かず、今日穂香さんが通った道をウロウロするだけなので、近所の人もさほど心配はしていないようであった。

「地元の人じゃないみたいね。いつからこの町に住んでるのか、みんな知らないって」

独りぼっちで見知らぬこの土地にきたのかな。

自分の境遇と重ね合わせてしまったのだろう、穂香さんはその話を聞いてからお婆さんに会うために毎日のように同じ道を通って帰宅していた。そして出会う度に、色とりどりの折り紙で折られた鶴を貰っていたという。


八月に入ってもその習慣は続いていた。

ただこの頃になると穂香さんはお婆さんの扱いにも慣れてきて、折り鶴を貰ったらすぐに、家に戻るように促していた。熱中症を心配してのことだ。

会社帰りの穂香さんは、お婆さんの元へと急いだ。お婆さんは普段と変わらずニコニコと笑いながら立っている。

「受け取ってください」

もはやお約束のようにお婆さんは両手を差し出してきたが、この日はいつもと違った。常に折り鶴が見えるように差し出してくるのだが、今日は重ねた両手をギュッと握りしめ、手の中に何が入っているのかわからない。

鶴じゃないものでも折ったのかな。穂香さんはあまり気にすることもなく、お婆さんから〈黒っぽいそれ〉を受け取った。

いつもと違うもぞもぞと何かが這いずり回る感触が、彼女の手に伝わってきた。

〈黒っぽいそれ〉は、蝉の死骸であった。蝉の死骸に無数の蟻がたかっていて、もぞもぞと動いている。

「い、いやっ」

穂香さんはそう叫び、思わず手にした蝉の死骸を払いのけた。

その様子を見たお婆さんは、嬉しそうにその場をぴょんぴょん飛び跳ねながら、ゲラゲラと笑っている。

肌が粟立つのを感じた穂香さんは、その場からすぐに逃げ出した。

それ以来、彼女はお婆さんに会いに行くのをやめた。

厭な思いを一日も早く忘れたいと、今までお婆さんから貰っていた折り鶴もすべて捨ててしまったという。


それから数年が経った頃、穂香さんの母親が急逝した。

無理がたたったのか、くも膜下出血で倒れ、呆気なくこの世を去ってしまった。

葬儀も終わり、その日彼女がアパートで母の遺品を整理していると、箪笥の引き出しから数十枚ほどの写真が出てきた。

その多くはパート先の同僚たちと旅行に行った際、撮ったものであった。

どの写真も楽しげに笑っている母の姿が写っている。東京に来てから母にもささやかな幸せがあったのかと思うと、目頭が熱くなってきた。

写真を一枚一枚めくっていると、ふと手が止まった。

最後の一枚に、くだんのお婆さんが写っていたからだ。

撮影場所はおそらくあの道だろう。ピースをして笑っている母親が、お婆さんと仲睦まじく肩を寄せ合い写っている。

なぜ、母があのお婆さんと――生前、母とお婆さんは一緒に写真を撮るほど親しい間柄ではなかったはずだ。それだけではなく、母の頭部の右側だけがカッターで切り取られたように綺麗に欠けていたのである。

後日、不安にかられた穂香さんは写真を持って、母と一番仲が良かった同僚のA子さん宅へと向かった。彼女は歓迎してくれ、居間に通してくれた。

「あの、この写真なんですけど……」

彼女に写真を見せると瞬時に顔色が変わった。

そして「これは私が責任もって処分するから」とテレビ台の引き出しにしまい、返してくれなかったそうだ。

理由を尋ねたが、かたくなに教えてくれなかったという。


穂香さんは違う町ではあるが、今も都内に住んでいる。

結婚してご主人と二人、幸せに暮らしているそうだ。

ただし、ペットだけは絶対に飼わないと決めている。

関係があるかどうかは不明だが、ペットを飼うと必ず数日で死んでしまうからだと、教えてくれた。

割って

声優の山本留里佳（やまもとるりか）さんから伺ったお話。

留里佳さんの知り合いであるC子さんは、霊媒体質である。霊の姿を視ることはできるが、声は聞こえない。C子さんのこの能力は、霊能者である母親から譲り受けたものらしい。母親は娘の身を案じ、C子さんが外出する際は、自身の念を込めたお守りを必ず持たせている。このお守りを身に着けていると、霊を視ないですむそうだ。

そんなC子さんがまだ大学生だった頃。

夏のある日、大学から帰宅した彼女はリビングで足を滑らせ、テーブルの角に頭を強く打ちつけてしまった。

その日、彼女の母親はお祓いの依頼を受け他県に行っていたため、救急病院には一人で向かったという。検査の結果では特に異常はみられなかったが、念のため一日だけ入院することになったそうだ。

一旦帰宅し、入院の支度をしてまた病院に向かう。病室に入ったときは、もう夕方であった。痛み止めの薬が効いていたのか、C子さんは夕食を取るとすぐに寝てしまった。だが、暑さで寝苦しく深夜二時過ぎに目が覚めてしまったそうだ。

他の患者たちは皆、寝息を立てている。目が冴えてしまった彼女は、そっと上体を起こし、髪を結ぼうと折り畳みの鏡を立て、ベッドについているサイドボードの上に置いた。

あ——。

セミロングの髪の毛を持ち上げると、鏡に何かが映った。

自分の顔のすぐ後ろに、バサバサ頭の女の顔があった。読書灯の仄暗い灯りに浮かぶ女の顔は痩せこけ、両目のある位置にはぽっかりと冥(くら)い穴が空いているだけであった。しかし、鏡越しに目が合っているのがわかったという。

しまった——薬を服用し、急激な眠気に襲われていた彼女はつい、家にいるときと同じようにいつも首から下げているお守りを外して寝てしまったのだ。

母からは絶対に霊と目を合わせてはいけないと散々言われていたし、鏡に映った女を見てから悪寒も始まっていた。が、目を逸らすことができなかった。女はしきりに口を動かして、C子さんに何かを語りかけていたからだ。

鏡に映る女の口の動きを見ていると、「あ」「え」と繰り返し声を出しているようだった。

けれども、「あえ」では意味がわからない。しばらく考えた末、女は「わって」と自分にお願いしていると思ったそうだ。

今、ここにある物で割れる物といえば鏡しかない。おそらくこの女の霊は、〈自分の変わり果てた姿を見たくない〉と訴えている。C子さんはそう感じたという。

女の願いを叶えたら消えてくれるかもしれない。

C子さんはすぐさま鏡を伏せたが、全身を走る悪寒はまったく治まらなかった。

まだ後ろにいる――ゾッとした彼女は振り返らないように気をつけながら、横の棚に置いたお守りを持ち、急いで部屋から出たという。

お守りを肌身離さず持っていれば、女の姿は視えないし気配すら感じないだろう。

でも、感じないだけで女の霊はあそこにいるのだ。

そう考えると恐ろしくて病室には戻れなかった。看護師に「眠れないし、暗い病室が怖い」と相談すると、ナースステーションの隣にある談話室にいてもいいと伝えられた。

彼女の怪我の具合を医師から聞いていた看護師が、特別に許可を出してくれたのだ。

ナースステーションの隣ということもあり、談話室では看護師の話し声や足音なども聞こえ、安心して朝を迎えられたという。

彼女が病室に戻ってから、ほどなくして母親が飛び込んできた。

「すぐにここを出るから支度して！」と血相を変えた母親から急かされ、彼女は朝食も取らずに退院したそうだ。

娘の怪我の具合を心配した母親は早めに仕事を終わらせ、朝一番でこちらに戻ってきたという。


C子さんは帰りの車の中で、くだんの女の霊について母親に話していた。

「割ってってお願いされたから、鏡を伏せたんだけど――」

「それは〝割って〟じゃないよ」話し終える前に母親が口を挟んできた。

「あの女は、〝変わって〟って言ってたの。お母さんが病室に入ったときも、ずっとC子のことを睨みながら〝変わってぇ変わってぇ〟って、何度も言ってたんだから」

あのまま病室にいたら、持っていかれてたかもね。


それ以来、C子さんは二度と入院したくないと、人一倍、怪我や病気をしないように気を使って生活しているそうだ。

牛舎にて

田舎に住む桜子さんの伯父は、酪農を営んでいた。

子供の頃は夏休みになると、家族で伯父の家に手伝いに行くのが慣わしであった。

「牛が冬に食べる食料を作りに、同じ県に住む親戚が集まるんです。手伝いと言っても、私たち子供はほとんど遊んでいましたけど」

親戚が大勢来るため、子供たちも多かった。広い敷地には母屋と離れがあり、親戚はみな、離れで寝泊まりをした。

桜子さんが特に仲良くしていたのは、いとこの亜希ちゃんであった。

亜希ちゃんは伯父の末っ子で、桜子さんと同い年だ。

離れでは親戚の子供たちが二階の和室に集められ、みんなで寝ていた。亜希ちゃんは桜子さんと一緒に寝たいと、毎晩母屋から離れに来ていたそうだ。

「牛の扱いが上手い亜希ちゃんとは、よく牛舎で遊んでいました」

その年は、四頭の乳牛がお産間近であった。亜希ちゃんはそのうちの一頭に『ハナちゃん』という名前をつけ、とても可愛がっていた。

桜子さんの話によると、牛も生まれたときから世話をしていると人に懐くらしい。懐くと人間の言うことをよく聞いて、作業もしやすくなるそうだ。

ハナちゃんは乳牛の中でも一番甘える子であった。名前を呼びながら手を出すと寄ってきて、撫でろといわんばかりに頭を手にこすりつけてきた。

ハナちゃんが産む子牛も、さぞかし可愛いだろう。

だが、不安なこともあった。その夏は例年にない猛暑が続いていたからだ。

牛舎には大型の送風機とミストが出る細霧装置が何個も設置されていたが、それでも暑さをしのぐには足りなかった。

ハナちゃんを含む妊娠している乳牛はみな、日に日に弱っていったという。

ある日の晩のことだ。

ハナちゃんの体調を心配していた二人は、他の子が寝静まってからも眠れないでいた。

「子供の浅知恵なんですけど、ハナちゃんに氷を届けようって話になったんです」

製氷機から氷を出して器に入れると、二人は大人たちに見つからないように静かに離れを出た。

敷地内は外灯が少なく、暗い夜道を懐中電灯で照らしながら牛舎まで歩いたという。

「着いてみるとハナちゃんが苦しそうに鳴いていたんです。それを見た亜希ちゃんは産気づいたと思うから大人を呼んでくるって、飛び出していきました」

一人残された桜子さんが見守っていると、ハナちゃんはあえぎながら身体の向きを変え、藁の上に横たわった。すると、ハナちゃんのお尻は桜子さんの方に向いた。

ハナちゃんは力んでいるのか身を震わせ、ブモーブモーという鳴き声も次第に大きくなっていた。

頑張れ、頑張ってハナちゃん。桜子さんが心の中で応援していると、ハナちゃんのお尻から大きな風船のようなものが出てきた。

「ヌルヌルとした膜のようなモノが、風船みたいに膨らんで出てきたんです。その風船みたいなモノは出てくるとすぐに、パチンって音を立てながら弾けました」

弾けたあとには、男の人の顔が残されていた。

「最初は何が起きたかわかりませんでした。でも、よくよく見るとハナちゃんのお尻から大人の男性の顔だけがにゅっと、飛び出していたんです」

禿頭に薄い眉、細い目鼻、小さい唇。のっぺりとした顔つきであった。

桜子さんは声にならない悲鳴を上げて、その場から逃げ出したという。

「離れに向かってる途中で、伯父と亜希ちゃんに出くわしたんです。私が大泣きして走ってきたから、二人とも驚いていましたね。説明しようにも言葉が上手く出てこなくて、とにかくハナちゃんが大変だから早く行って、としか言えなかったんです」

牛舎に戻るのが怖かった桜子さんは伯父と亜希ちゃんと別れ、離れに戻った。

「母は泣いている私を見て驚いていましたが、泣き止むまで頭をなでてくれました。そうこうしてる間に伯父たちが戻ってきたんです」

亜希ちゃんからの説明によると、ハナちゃんはまったく産気づいていないようだった。

二人が行ってみると、ハナちゃんは普通に立っていたそうだ。

あの奇妙な男の顔についても、何も言わなかった。

「私、勘違いしちゃったみたい」と笑顔で話す亜希ちゃんを見て、桜子さんは混乱したという。

「そんなはずないって、私が見たもの全部話したんです。それを聞いた大人たちは笑っていました。遅くまで起きてたから、寝ぼけてたんだろうって」

その夜、子供だけだと心細かった桜子さんは、久しぶりに母親と一緒に眠りについたという。

翌日の朝、起きてみると亜希ちゃんが熱を出し、苦しそうに唸っていた。

「亜希ちゃんは伯父さんに背負われて、母屋に帰りました。牛舎に行くのが怖かったので、私も母屋に行ったんです。亜希ちゃんの傍にいたかったけど、風邪がうつるからダメって言われて」

桜子さんは仕方なく居間でテレビを観ていた。退屈になってきた彼女は、看病していた伯母が母屋から離れた隙に、亜希ちゃんの部屋へと行ったそうだ。

ベッドで横になっていた亜希ちゃんは真っ赤な顔をしていたが、ぐっすりと眠っているようだった。邪魔にならないようにと桜子さんが部屋から出ようとすると、急に上体を起こし、こう話したという。

「このいえはつぶれる。はじめてのこはながれる」

亜希ちゃんはそう話し終えると、倒れるように横になって眠ってしまった。

伯父が経営していた酪農は倒産し、今はもうない。亜希ちゃんは結婚し、子宝にも恵まれて幸せに暮らしている。

桜子さんは結婚するのが怖くて、未だに独身だそうだ。

葛西俊和

G車

今村さんは数年前まで某国産自動車ディーラーの整備士だった。彼が勤務していたのは県内でも一番大きな工場がある店舗であり、ショールームの裏手側にある駐車場には、新車や中古車、顧客から預かった整備待ちの車両等が常時数十台置かれていた。

ある日今村さんが出勤すると、この駐車場の中に目を引く車があった。発売されて間もない国産の高級SUVだった。新車で買うと一千万円ほどするもので、こういった車が整備待ちで入庫するのは珍しい。

その車はフロントバンパーが派手に割れていた。今村さんが車を見ていると、営業担当がやって来て、彼に声を掛けた。この車の整備とバンパー交換を頼みたいのだという。

「これさ、G車だから。綺麗に頼むよ」

営業が言うG車とは、この店で使われる隠語だ。Gとは事件・事故の意味を示しており、つまりはこの車が何かしらの事件に深く関わっているということを表していた。

G車と呼ばれる車は交通事故を起こして持ち込まれるものが多い。警察の鑑識が終わると所有者からディーラーに売却され、事故車には見えないように修復した後に中古車として業者間で売買が行われる。Ｇ車は中古車市場に多く流通しているという。

今村さんがバンパーの内側を覗き込んでみると、乾いた血がこびり付いていた。人身事故だろう、それもひどくいったものだというのが見て取れた。

今村さんは工場に車を運ぼうと運転席に乗り込んだ。エンジンを始動しようとしたのだが、セルが回らない。バッテリーをチェックしても異常はなかった。診断機を差し込んで、システム面のチェックを行ったのだが、こちらも異常なしと表示が出る。

エンジンが動かないのは問題だが、外装交換には支障がないので、やれることからやっていく。ガレージジャッキを車体に差し込んで車を浮かし、仰向けの状態で車体下に潜ると、今村さんは割れたバンパーの交換作業を始めた。

バンパーの外側は綺麗に拭き取られていたが、エンジンルームに面した内側は、至る所にまだ血の跡がべったりと付いていた。

この車はおそらく、人を轢いて乗り上げたものだろう。車体の重量は二トンを超えている、そんな重いものに乗り上げられたら、人間はどうなってしまうのだろうと想像し、今村さんは背中に嫌な汗をかいた。

車の前後はジャッキとリジットラックという固定具で支えられているものの、今村さんは上半身すべてを車体下に潜らせている。固定具が外れたら無事では済まない。

バンパーを外しかけた瞬間のことだ。

車体が大きく震えたかと思うと耳をつんざくようなエンジン音が響いた。

車体下で仰向けになった今村さんの目の前で巨大なエンジンが猛々しく音を立てて震え出し、その振動で車体を支える固定具が動いていた。今村さんは急いで車体下から這い出そうとしたが、両足が地面に張り付いたように動かない。

今村さんは首を上げて自分の脚を見ると、指が何本か足りない手が、今村さんの両ひざを押さえつけていた。

その手の先には、轍（わだち）のように陥没した人の顔らしきものがあった。目玉は飛び出し、皮膚が剥げ、口と鼻が潰れ、血で湿った髪が額に張り付いたそれは、這いつくばるような姿勢で今村さんを見つめていた。

今村さんは絶叫し、どうにか手を振り払おうとしたが、押さえつける力は強く、脚が動かない。

エンジン音は一段と大きくなり、猛烈な勢いで車輪が回転し出した。回転数一杯までエンジンが吹かされている。車体下の固定具はいっそう激しく振動し、いつ外れてもおかしくないような状況だった。

今村さんは死を覚悟した。

その時、外れかけていたバンパーが落下し、今村さんの腹の上に部品のような物が落ちてきた。同時に両ひざを押さえていた手の力が緩み、今村さんは何とか車体下から這いずり出ることができた。

今村さんはすぐに周囲を見回したが、あの顔が潰れた人のようなものはいなかった。車もエンジンが切れており、落ち着いてから今村さんはエンジンルームを開けた。エンジンは冷え切っており、先程まで吹け上がっていたような状態ではなかった。

今村さんは車体の下からバンパーを引き出すと、部品に混ざって血まみれの人間の指が転がり出てきた。根元から切断された薬指のようで、結婚指輪が嵌っていた。

指は警察が回収していき、車は整備をしないまま中古車販売業者に渡っていったという。

ゴーストレコード

菊水さんと小畑さんに出会ったのは、関東地方で開催されたオートバイのイベント会場でのことだった。五十代のお二人からはオートバイ乗りの様々な逸話をお聞きすることができた。その中には怪談も含まれていた。

菊水さんと小畑さんがまだ二十代だった頃の話だ。

二人は関東地方にある県境の峠道をオートバイで走ることに夢中になっていた。

当時は空前のバイクブーム真っただ中であり、峠には危険走行を楽しむ若者が溢れていた。法定速度を大幅に超え、バイクの性能限界ギリギリまで車体を寝かせてカーブに突っ込んでいく、そんな走りがもてはやされていた時代だった。

その峠で菊水さんと小畑さんは最速の座を競い、争っていた。

勝敗は五分、当時の二人はライバル関係にあり、お互いに意識をし合っていた。二人の緊張感は峠に集まる若者たちにも伝播し、派閥が生まれるほどであった。

夏の夜のことだった。

菊水さんは仕事が終わると、いつものようにバイクに乗って峠に訪れていた。峠の上りと下りを往復し、カーブで何度も膝を擦っているとあっという間に時間は過ぎていき、気がつくと夜空が白みかかっていた。

そろそろ帰るかと、菊水さんが峠を下り始めた時、後方から2ストロークのエンジン音が聞こえてきた。ミラーを一瞥すると、後方にバイクのヘッドライトの光が見えた。

菊水さんにはエンジンの音だけで、それが小畑さんのバイクだとわかった。

後方から迫る小畑さんのバイクはチカチカとウィンカーを点滅させた。それが挑発だとわかった菊水さんは負けずとスロットルを捻り、バイクの速度を上げた。

その日の菊水さんは絶好調だった。集中力は途切れることを知らず、バイクと自分の体が一体になったようにカーブを曲がっていける。しかし、いつもより遥かに速い速度で曲がりくねった峠道を走っているのに、後方の小畑さんはぴったりとくっついて来た。

ライバルに迫られているというプレッシャーが菊水さんに一瞬の隙を生んだ。急な右カーブ、そこで小畑さんのバイクが菊水さんの前に出た。対向車線をまたぐ、危険な追い越しだった。前に出た小畑さんのバイクはさらにスピードを上げた。対向車線に飛び出すのもお構いなしに走る小畑さんの走りを見て、菊水さんの闘争心に火がついた。

峠の出口まであと少しというところだった。

小畑さんのバイクは速度を落とし、菊水さんの真正面についた。最後の右カーブが迫る、ここしかない。菊水さんはバイクの速度を上げ、小畑さんを抜いた。そのまま右カーブに進入、対向車線をまたいでいた。

カーブを抜ける直前、目の前に見えたのは対向車のヘッドライトの光だった。

菊水さんは咄嗟にバイクのスロットルを開き、タイヤを滑らせて自ら転んだ。自動車を間一髪で躱(かわ)し、ガードレールにバイクと共に突っ込んだ菊水さんは意識こそあったものの、自力では立ち上がれず、救急車で運ばれることとなった。

それから数日が過ぎ、入院中の菊水さんの元に見舞客がやってきた。それは松葉杖をついた小畑さんであった。

小畑さんはバイクで転倒し一週間前から、この病院に入院しているのだという。バイク仲間から話を聞き、菊水さんが同じ病院にいることを知ったのだと話した。

菊水さんは唖然とした。

菊水さんは峠であったことを小畑さんに話した。

すると、それを聞いた小畑さんは顔を伏せて言った。

「実は、俺も、お前とやりあって事故ったんだ……」

菊水さんには覚えのないことだった。小畑さんが事故を起こした日は、バイクが不調で峠には行っていない。

二人は退院と同時に峠を走るのをやめた。それから間もなくして、件の峠では死亡事故が相次ぎ、バイクの通行が禁止された。

煙草もらい

吹屋さんが東京の繁華街で友人と共に酒を飲んでいた時の話だ。

バーで煙草を取り出すと、カウンターでカクテルを作っていた店主が手を止めて、火を点けるのを待ってほしいと言った。先月から店内は全面禁煙になったそうで、煙草は控えてもらっているらしい。

どこか近くに喫煙所はあるかと吹屋さんは店主に尋ねると、駅の方までいかないといけないらしい。仕方がないので、吹屋さんは友人を店に残してひとり、外に出ると、人目につかなそうな路地裏へ行き、そこで煙草に火を点けた。

ビルの裏手にある薄暗い路地には空き瓶入りのビールケースや青色のゴミ箱が並び、吹屋さん以外に人の姿はなかった。地面には煙草の吸殻が大量に散乱しており、汚らしい所だった。

「すいません。一本貰えませんか」

煙草の煙を吐き出しながらスマホを操作していた吹屋さんに声を掛ける者がいた。それは一緒に酒を飲んでいた友人の声だった。

なんだ、彼も来たのと思い、吹屋さんはスマホの画面を見たまま、煙草を一本取り出すと、隣に突き出した。

「ああ、ありがたい。これはいい煙草だ……」

煙草をつまんでいた指先から、紙巻が引き抜かれた。その時になって吹屋さんは友人が少し前に煙草を止めたことを思い出した。

顔を上げ、隣を見ると、細くしわがれた二本指が吹屋さんの渡した煙草を摘み、暗がりに引っ込んでいくところだった。

吹屋さんは指が引っ込んだ先を覗いてみた。そこはビルとビルに挟まれた細い隙間で、その間隔は三十センチもないような空間だった。隙間は深い闇に包まれており、肉眼では奥まで見通せなかった。

そこを吹屋さんが覗き込んでいると、隙間の奥で、小さな火が灯った。火の光は闇の奥に居るものを照らし出した。干からびた茶褐色の肌、目玉の無い眼窩、煙草を挟んだ剥き出しの歯茎。一瞬の火によって見えたのは、隙間に挟まれたミイラの頭だった。

「うあぁ、ああ、うまい。うまい」

再び闇に包まれた隙間の先で、火のついた煙草だけが浮かんでいた。そして、吹屋さんの友人の声でうまいうまいと繰り返し、満足げにスパスパと煙を吐く音が聞こえた。

吹屋さんは恐ろしくなり、急ぎ足でその場を後にした。

バーに戻ると、友人はカウンター席に座っていた。随分遅かったなと言われ、吹屋さんは今しがたあった出来事を話した。

友人は一度も店から出ておらず、そんなものは酒を飲みすぎて見た幻覚だろうと笑い飛ばした。しかし、店主が話に興味を持ち、カウンターから身を乗り出して吹屋さんの話を聞いた。

店主は昔、ここに店を出して間もない頃に同じような体験をしたのだという。それは吹屋さんが煙草を吸った路地裏ではないが、繁華街の隙間から伸びてきた指というところでは話が一致した。

話は盛り上がり、面白がった友人はその路地へ行ってみようと言うので、乗り気はしなかったが吹屋さんは友人を連れて路地へ戻ることになった。

隙間の前へ立つと、友人はスマホのライトで隙間を照らした。ミイラの頭は消えていて、隙間には何も残っていなかったが、奥から生温かい風が吹いてきて、友人の足元に煙草の吸殻が転がって来た。それは吹屋さんが吸っている物と同じ銘柄であり、フィルターには茶色く変色した古い血のようなものが付着していた。

酔った友人はそれを見て、そんなに煙草が吸いたければくれてやると言い、地面に落ちているシケモクを集めて隙間に放った。吹屋さんは慌てて友人を止めたが、何本ものシケモクが隙間に放り込まれてしまった。友人をなだめて、飲みなおそうと路地を後にしようとした時、隙間の奥から酷く咳き込む声がした。吹屋さんは足を止めたが、友人には聞こえていないようで、彼は先に歩いていってしまった。

なんともいえぬ後味の悪さを感じつつも、吹屋さんは路地から出た。

その後、吹屋さんには小さな幸運が舞い込むようになった。懸賞の三等が当たり、パチンコで負けこんでいたのが閉店間際でトントンになるようなささやかなものだったのだが、幸運はひと月ほど身の回りで続いた。

逆に、シケモクを隙間に投げ込んだ友人は運が落ち目になってしまった。彼は麻雀が得意で雀荘にも通っていたのだが、ひと月の間、まるで勝てなくなった。

それだけではなく、趣味で行っているバンドのライブ中にギターの弦が六本すべて切れるという、通常ならば考えにくいトラブルにも遭遇していた。

二人の幸運と不幸は一ヶ月を境にぴたりと収まった。いい思いをした吹屋さんは今でもあの路地へ時折煙草を吸いに行くという。

口

平子さんの祖父は今年で還暦を迎えた。二、三年くらい前から時折、祖父の口がひとりでに動いて、色々と話すことがあった。

最初はそれが不明瞭なもので、聞き取れなかった。

声を出し始めて、いきなりどうしたのかと祖父に声を掛けると、きょとんとして、

「声を出していたか？」

と言うのである。本人には何か話していたという自覚もなく、話の内容も覚えていないようで、本当に無自覚のうちに口だけが動いているのだという。

家族も最初は不審に思っていたが、長く続くにつれ、次第に気にしなくなっていった。

祖父も高齢になったのだ。少しばかり妙なことをしてもそれは加齢によるものだろうと家族全員が悟ったのだった。

祖父の口から出る言葉は次第にはっきりと聞き取れるものになっていたのだが、内容は意味不明なものだった。

「ミクロの世界における量子のゆらぎ、不確定性がマクロスケールでは振動として観測さ

れ、この振動の差異が量子の渦を区分する……」

夕食の席で突然、宙を仰いだと思うと、量子力学のようなことを言い出すことがあったり、昼のワイドショーを見ながら、

「周波数を、音と光で言葉を……」

などと、またしてもよくわからないことを言うのだった。

祖父は量子力学や周波数とも縁のない生活を送ってきており、科学雑誌を読んでいるような姿は一度として見たことがない。実際、本人に聞いてみても、そんなものは知らないと言う。

祖父の口が動いている時、祖父は別人のような雰囲気になる。普段は能天気で活発な性格をしているのだが、口がひとりでに回っている時は、何か深い思慮を巡らせる学者のような佇まいになるのだという。

やがて祖父は病を患い、入院することになった。最初は病院での生活に不満ばかり漏らす祖父を平子さんは案じていたのだが、一週間もすると祖父も不満を言うことが少なくなっていた。

祖父が不満を口にしなくなったのは、気兼ねなく話をすることができる友人ができたからだ。

祖父は平子さんに友人を紹介した。Ｙという男性の入院患者であり、祖父とは同い歳なのだという。Ｙは平子さんも聞き覚えのある大学で教授をしていたという方で、祖父とは対極のような物腰穏やかな人であった。

平子さんはＹと話をすることも多くなった。Ｙは話し上手であり自身の博識を祖父と平子さんにわかりやすく解説しては小難しい話を面白おかしく聞かせるので、二人はよく聞き込んでいた。

ある日、祖父が検査を受ける合間、平子さんとＹは二人だけで話をする機会があった。

「私から、平子さんに話をしておかないといけないことがあります」

Ｙはかしこまり、真面目な顔をして、どうか最後まで聞いてほしいと前置きした。

以前から何度か、Ｙは睡眠時に強い力で引かれるような感覚に襲われることがあるのだという。

その力がある程度まで強まると、急に意識が覚醒し、目の前に見知らぬ人々の姿が見える。その時、体の自由は利かず、言葉を発しようとすると、思考がまとまらず、自分でもよくわからないことを口走ってしまう。こうして少しばかり言葉を話すと、Ｙの意識は再び強い力に引かれ、次に覚醒する時には自分の病室の天井を見ているのだという。そんな強い力で引かれた先で見た人々の中に平子さんの姿があったのだと、Ｙは言った。

その話を聞いて、平子さんは以前に祖父の身に起きたことを話した。Yは自身の不可思議な体験を事細かくメモしていて、平子さんの記憶と照らし合わせると、祖父の口がひとりでに動いていた日時が一致した。

「私が呼び寄せられたのか、それとも、呼んでしまったのか」

Yは眉間にしわを寄せると、それきり黙ってしまった。

翌日、Yは病室から姿を消した。

仲の良い看護師さんがこっそり教えてくれたのだが、どうも無理を言ってYは自宅に帰ってしまったのだという。祖父は残念がり、Yにどうにかして連絡を取ろうとしたが、それはできなかった。

それからひと月が経ち、見舞いに来た平子さんは病室で祖父と雑談をしていた。すると、祖父が急に黙り込み、俯(うつむ)いた。どうしましたかと、平子さんが心配すると。

「今朝の新聞を読んでほしい」

祖父の声色ではなかった。それはYの声そのものだったという。

この時は、勝手に口が動いたことを祖父は認識しており茫然としていた。平子さんはすぐに売店へ行き、朝刊を買ってきて読むと、お悔み欄にYの名前が載っていた。

清潔な部屋

清掃業者の源田さんはその日、仕事の依頼を受けて都内のマンションを訪れていた。

依頼主はマンションを管理する不動産屋であり、家賃を半年分滞納して連絡が取れなくなった借主の部屋を片付けてほしいというものだった。

こういった依頼は月に一度ほど入り、大抵の場合は借主が自力で掃除するのを放棄したゴミ部屋状態になっているもので、源田さんは防護マスクやゴム手袋といったフル装備で訪れたのだが、部屋の中は驚くほど清潔に保たれており、拍子抜けしてしまった。

1DKの間取りの部屋には、ベッドとテーブル。そして床に積まれた数冊の文庫本しかなかった。床を見ると、フローリングには真新しい傷もなく、埃は多少あるものの、髪の毛や糸くず一つ落ちていない。風呂場やトイレも確認したが、本来、掃除を怠りがちな便器の裏側や洗面台の配管周りに至るまで、カビや水垢が徹底的に除去されていた。

部屋を借りていたのは二十代の女性であり、五年以上この部屋に住んでいたと不動産屋からは聞いていた。キッチンを見ると、調理器具や皿といった物も無く、生活必需品といえる洗剤やトイレットペーパーの類すら置いていていない。

夜逃げでもしたのだろうか。それにしたって、こんな風に綺麗に掃除していく入居者というのも珍しいものだ。部屋の状態をチェックし、変わったところもないので、源田さんはアルバイトのSさんと一緒に片づけを始めることにした。

部屋の中にあるものを段ボールに詰め、残りはベッドのみとなった。二人でセミダブルのベッドを持ち上げると、下から宝石箱のようなものが出てきた。

二人は作業を中止し、宝石箱を見てみた。木製の年代物で、天使をかたどった彫刻が至るところに彫られていた。箱の角などは傷みが見られたが、職人が作った物のようで、高級感があった。処理するか否か、判断をするためには内容物を確認しておく必要があった。源田さんは宝石箱を壊さないように、慎重に上蓋を掴んだ。力を込めてみるが、蓋はがっちりと閉じられており、開く気配も無かった。

宝石箱の外周を回しながら見てみるが、鍵が付いているようなところもない。中身がわからない以上、捨てることもできないので、不動産屋に連絡を取ったうえで、宝石箱は源田さんたちの清掃会社で一時預かることになった。

それから数日が経ち、夕方のことだ。源田さんは外回りから事務所に戻ってきた。事務所には誰もおらず。一緒に外回りをしてきたSさんとお茶を淹れていた時だった。

ガン、ゴンと何か固いものを打ち付けるような音が聞こえてきた。二人は音のするほうを見ると、それは事務所に併設した保管庫から聞こえていた。保管庫には貴重品や家具が置かれており、普段は施錠されているはずだ。誰かいるのだろうか、源田さんは保管庫のドアノブを回してみたが、鍵はかかっていた。

ガン、ガンと音は鳴り続けている。源田さんは鍵を持ってくると、保管庫の扉を開けた。保管庫の中には誰も居なかった。扉を開けた途端に音も鳴り止み、異常は無いように思えた。念のため、源田さんは保管庫の照明をつけて室内をチェックした。すると棚と壁の隙間に何か落ちているのが見えたので隙間に手を突っ込み、それを取り出そうとした。

源田さんの手に痛みが走った。反射的に手を隙間から出そうと引くと、源田さんの指と一緒に隙間に落ちていた物が一緒に出てきた。それは、あの清潔な部屋から持ってきた宝石箱だった。

宝石箱の上蓋は僅かに開き、源田さんの小指を半分ほど挟み込んでいた。ざらりとしたものが蠢（うごめ）く感触が小指の先から伝わり、源田さんは大声を上げて助けを求めた。

何かあった時のために、保管室の入り口で控えていたSさんがすぐにやって来て、源田さんの小指を挟んだ宝石箱を引っ張った。すると、あれほどまでに強い力で挟んでいた蓋が、すんなりと開き、源田さんの小指はあっけなく抜けた。

引き抜けた源田さんの小指には第一関節の辺りに赤い痣が付いていた。それ以外は外傷もなく、指先を折り曲げて痛みがないことを確認すると、源田さんは安堵の息を漏らした。

その時、大きな悲鳴を上げて、Ｓさんが宝石箱を落とした。宝石箱はひっくり返り、内容物が床に散らばった。

「あれ、なんですか……」

震える声でＳさんが指さしたものは、結われた大量の毛髪と、青い紐が巻き付けられた人間の干からびた小指だった。

ふいに、金属を打ち付けるような音が響いた。それは事務所にある源田さんの机の方から聞こえる。源田さんとＳさんは保管庫の扉から顔だけを出し、事務所の中の様子を窺った。すると、源田さんの机に、長い髪の女が座っていた。女は手にした包丁を振りかぶり、自分の左手を突き刺していた。

「切れない、切れないよ……」

女の泣く声と、共に数回、包丁が振り下ろされた。すると湿った音と共に肉が千切れるような音が響いた。

「ああ、やっといける」

心の底から安堵したような声を発すると、女はふっと消えてしまった。

源田さんとSさんは暫くの間、茫然としていたが、我に返ると源田さんの机の上を調べた。

そこには刃の欠けた包丁と、血で赤く染まった紐が巻き付いた人間の小指が落ちていた。

源田さんとSさんは社長に相談し、警察沙汰にはしないことにした。

二人分の小指と髪の毛、宝石箱は近所のお寺が預かることになり、住職は小指と宝石箱を見ると「心中ですな」と一言呟き、源田さんとSさんのお祓いを行ったという。

冨士玉目

里帰り

　ナツさんという女性から聞いた話。

　ご主人の実家が東北の沿岸部のHという町にあり、バカンスも兼ねて毎年夏のお盆に里帰りすることにしている。ところが、

「行くたびに何かをつけちゃうみたいで」

　つける、とは、憑ける、ということである。H町に行くといろいろと奇妙なことが身の回りに起こるらしい。ナツさんは取り憑かれやすい人なのだ。

　以前にはこんなことがあった。

　早朝に夫の実家の近所である砂浜を散歩するのが好きなのだそうだが、その日も人気（ひとけ）のない、太陽が昇る間近の浜辺を、左に海を見ながらひとり歩いていた。

　浜全体が明るくなってきて空に太陽が差し込んできた頃、前から一人の老婆が歩いてくることに気がついた。

「おはようございます」

　近づくにつれて声をかけた。知らない人でもこの辺りの人たちは、みな挨拶を交わす。

　そのまますれ違うと思ったところ、急にお婆さんがナツさんの行く手を塞ぐように立ち停まった。

「ダメだよあんた！」

「えっ！」

　何か怒られるようなことをしたのかと、ドギマギとしていると、お婆さんはナツさんの右肩の上に両手を持っていき、何度か打ち鳴らした。

「あんた気がついてなかったんだね。えらいもんつけて」

「あの、いったいなんのことを――」そう言いかけたナツさんに、お婆さんは「ほれ」と指を差した。

　振り返ったナツさんは、お婆さんの差す指の先を見て言葉を失くした。

　向こうの方から砂浜に続くナツさんの足跡。その少し右横に、もうひとり、いるはずのない足跡が続いているのがわかったからだ。

「あんた、憑かれやすいんだろうから、気をつけないと」

　はい、ああ、なんかすみません、というか、ええと、あの足跡、いったい……

　と、前を向いたところに誰もいない。見渡せばお婆さんが歩いて来た砂浜に、なんの足跡もなかった。

そんなナツさんが「あれ？」と思うことが去年の秋口から続いた。

コロナ禍において、友人たちと会うこともままならず、リモート呑みを盛んにしていた頃である。

多少メンバーを変えながらも、いつも四、五人で画面越しに雑談をしていたのだが、まずは仕事仲間でもある女性がふいに言った。

「ナツさん、さっきから気になっているんだけど、後ろに、オジイサン、いる？」

この時以降、何人かに同じことを言われることが続き、さすがにナツさんも「これはなんだか、マズい気がする」と思うようになった。

ちょうど、家の中でも妙なことが起き出したからだ。誰も触らないのに両親の仏壇のおりんが急に鳴ったり、ドアが勝手に閉まるような音がしたり、廊下を歩くと足首をきゅっと握りしめられたり――。

年明けになり、感の鋭いという古い友人が、ランチ中に苦笑いしながら言う。

「一昨年、H町から連れて帰ってきてるもん、オジイサン。ナッちゃんの右後ろにずっといるよ。害がなさそうだから放っておいたけど、そろそろ〝気がついてくれ〟とアプローチ始めたのかもね。だって、去年の夏はH町に行けなかったでしょ？」

コロナ影響で行くことを断念した。それがなんで？
「ナッちゃんに憑いてここまで来ちゃって、それでも次の夏には帰れるからと思っていたらそうではない。ということで、しびれを切らしちゃったみたいよ、オジイサン」
「そんなぁ。勝手に憑いてきて、戻れないから〝気がつけよ〟って態度に出されても……」
「悪い霊じゃないみたいだけど、そろそろH町に行かないと、障りがエスカレートしても困るよねえ……コロナが収まってくれるのを祈るばかりだね」

結局、夫の母親の具合もあまり良くないし、今年の夏の盆に公共機関を使わずに車で戻ることにした。

H町に入ると、とある小さな古い神社に寄った。人がほとんどいない静かな神社で、気に入っているナツさんはH町に来るたびにここに参る。たぶん、オジイサンを拾ってしまったのはここではないか、という気がしていた。

運転席にご主人を残して「お参りしてくるね」と外に出た。鳥居をくぐろうとしたその瞬間、右側から目の前にぼんやりとした人影が現れた。それは、そのまま振り返りもせずにスタスタとナツさんの前を歩いていくと三メートルほど先で、消えた。

「あ、これかと思ったんだけど。スタスタと歩いて行くんですよ、そんなに帰りたかったのかと思いました。ここに来れなかったのは私のせいじゃないのに、振り返りもせずに消えてしまうし――」

今年は憑かなかったですか？　と訊くと、

「憑かれやすいという割に、憑いている何かを直接見ることはないんですよね。どうも何かはいるけど、その痕跡にあとで気がつくみたいな。だからまだわかんないよね。これから何かあるかもだけど」

また妙なことが起きたら教えるね、と約束はしている。

葬式というと

父親の葬式の時、初冬になろうかという季節だったのに、親族のあいさつの間、クロアゲハが喪主の母親の周りをしばらく離れずに飛んでいたという。みんなで「お父さんだね」と話をして泣いた。「葬式というとこれを思い出すかな」という友人に聞いた。

*

ご主人が亡くなってその初七日。孫が庭から保護していた蝶のさなぎがクロアゲハに羽化した。羽が乾いた頃を見計らい外に出そうとするがなかなか出て行かない。やがて娘夫婦もそろい、車で寺まで移動をするのに外に出るのと同時に蝶も羽ばたいて空へと舞った。

寺で法要をおこなっている最中、どこからか入ってきたクロアゲハが家族の頭上を飛び回るのを見て、孫が「家にいた蝶だ」と声を上げた。その声に答えるように蝶は家族の頭上を何度も旋回すると、やがて姿を消した。娘夫婦は「お父さんだね」と言い、喪主の妻も「夫に最後にまた会えた」と思ったという。

「ご霊前」を持って挨拶に行った折、「不思議なことがあったのよ」と奥様に伺ったと、知り合いに聞いた話である。

*

マコトさんが八歳の頃。夏休みに田舎の祖父母の家に遊びに行っていた時、祖母が急に倒れ二日後、帰らぬ人になった。田舎の家の大きな仏間に祖母の亡骸が置かれ、死の意味もよくわからないマコトさんには、いわゆる通夜に、母親の泣いている様子も含め、ものすごく怖いことが起きていると恐慌をきたしたのだという。

そこからはあまりマコトさんは覚えていない。目が覚めたら布団の上、部屋にひとりだった。またも恐怖が押し寄せてきて泣き叫びそうになったその時、枕元に置いてあった畳んだ衣服の上に大きな蝶がとまっているのを見た。

隣室にいたらしい父親がマコトさんが起きた様子に気がついて、部屋に来て「どこから入ったんだろうね。立派なクロアゲハやな」と感心した声を出した。窓は網戸だし、蝶どころか虫は入ってこない。差し出したマコトさんの手のひらにクロアゲハは躊躇なく乗った。マコトさんはそのまま父親に促されて、祖母が寝ている仏間へと行った。

仏間に入った途端クロアゲハが飛び立ち、寝ずの番の叔父や伯母の頭上を旋回すると祖母の顔にとまり、母親が「あ！」と声を上げた。祖母の目に涙が溜まり、それに蝶が口をのばしていた。やがて飛び立ったクロアゲハは、父親が慌てて開けたガラス戸の手前で一瞬躊躇すると、早朝の淡い色の空へと飛び立って行った。マコトさんは「お祖母ちゃんだね」と言い、祖父は男泣きした。

「葬式というと蝶を思い出します」というマコトさんに聞いた。

＊

「葬式」の話を聞こうとしたら「蝶」の話が続いたので、記してみた次第である。

猫の文句

サワさんは、保護猫のシェルターを運営している友人から一頭のメスの成猫を託された。アメリカンショートヘアのミックスで名前はメル、齢は五歳。一人暮らしの高齢の女性が子猫の頃にペットショップで購入、水入らずの状態で暮らしてきたのだが、ここに至って女性の持病が悪化、入院しなくてはならず、もはや戻って来られるかわからない。今後のことを考えると里親を探して欲しいということでシェルターにヘルプが来た。

保護されて一週間、おとなしい人好きする猫だということもわかってきた。しかし飼い主が人間の食べ物もやったりしていたらしく、肥満の上に肝臓の数値も悪い。

いまさらとばかりダイエット食など一切口にしない、運動嫌いの猫は、健康面のことを考えても飼うのに手がかかりそうだということで、サワさんが里親になることにした。

彼女は三頭の老猫を飼っていたのだが、立て続けに亡くなってしまったところだった。それもあり、少々手がかかろうが、若い猫が家に来ることを望んだのだ。

サワさんはメルの肥満解消のため、軽い運動に慣れさせるべく、ハーネスを付けて一緒に階段の上り下りなどをはじめた。そして、厳密に測られたダイエット食を徹底。とにかく痩せて、現時点の内臓の悪い数値を下げなければ、これから先の生活の方が長い。

ひと月が経った頃。

夜中、さて寝よう、と電気を消した居間で、頭上に揺れるものをサワさんは見た。凧？　と思ったらしい。空に凧を受けて浮かぶ凧である。部屋の天井あたりにフワフワと漂っている。なんだろうと見ているうちに、それは闇に溶けて消えた。

その夜から、今までおとなしかったメルが、居間に置かれているキャットタワーの一番上に上がり、急に激しく鳴いたり唸ったりするようになった。

「メル？」と声をかけると収まるのだが、しばらくするとまた、歯ぎしりするような奇妙な唸り声を上げて宙を見ている。

夜な夜なのことなので、何か体調に問題が起きているのかと病院にも連れていくが、特に状態は変わらない。


ある朝、シェルターの友人から、メルの飼い主だった女性が病院で亡くなったとメールが来た。添付されていたのは、メルを抱いた上品な女性の写真だった。

女性の娘が、メルを引き取ってくれた感謝とともに、最後はシェルターに頼ってしまったが母親は本当にメルを可愛がっていたこともわかってくださいと送ってきたのだ。

画像のその姿を見てサワさんは「あ！」と声を上げた。

メルと写っている女性は和服姿で、その柄があの夜、居間の天井で「凧」だと思ったものと同じだった。

そうか、あれは着物の袖か。飼い主が心配でメルを見に来たのか。

とすると、メルのあの様子は……

「あれは絶対に訴えていたんですよ。私はこんな目に遭っている、運動もきついし、ご飯も美味しくない。こんな酷い目に遭っている、つらいつらい、って飼い主に文句言ってたんじゃないかと――」


この出来事から半年が過ぎた今。

メルはダイエットに成功し、肝臓も数値も正常に、本来のすっきりした美猫になってサワさんに大いに甘えているという。

飼い主はもう会いに来てはいないようだ。

何が隠されてた

地方都市にある、とある古いラブホテルでのこと。午後遅い時間に入ったカップルの女性からフロントに内線があった。一〇五号室、一階一番奥の角部屋である。

「早くきて！　怖い！」

叫ぶような声に、マネージャーはスタッフの女性とともに慌てて部屋に向かった。

その部屋は実のところ、誰もいない時に内線が鳴るとか、清掃に入った女性が人影を見るなどの怪異もよく起こる部屋。それればかりでない、なんとも厭な雰囲気があって、マネージャーも実は「何かあるな」とは常々感じていたという。

合鍵でドアを少し開け、中に向かって声をかけた。

「よろしいですか？　入りますよ？」

女性から「こっち！」と声が上がる。ドアを開けてもう一枚、部屋へのドアを開けるとキングサイズのベッドが置かれ、その上にバスタオルを巻いて座り込んだ若い女性が風呂場を指さす。

風呂場の入り口前、脱衣場に年配の男性が下着一枚で、ペタリと座り込んでいる。

「どうしたんですか?」

マネージャーの問いに男性はぼんやりとした表情のまま答えない。

様子を見るが、何かの発作のようではないので、まずは女性に着替えを促し状況を聞いた。

女性は風俗嬢で男はなじみの客だという。いつものように先にシャワーを浴びていたら、ドアの向こうでけたたましい嗤い声が起こった。

「なに?」

そう声をかけながら水を止めてドアを開けた。静かになった浴室内に、狂ったような嗤い声がさらに響く。「なに笑ってんのよ!」声を荒げても男の嗤いは止まらない。

やがて男は、

「だって、おまえ、熱い、熱い、熱いよ、熱いよ! ってずっと叫び続けてるんだもん」

「――なに言ってるの?」

立ち尽くした女の前で、身をよじって嗤っていた男が、突然電池が切れたようにストンと落ちた。放心して座り込んだ男の前をバスタオルを持ってすり抜けた女は、いくら声をかけても男は動かないのを見て怖くなり、フロントに電話をしてきたという。

「救急車、呼びます?」とマネージャーが声をかけると、ふと、男が我に返ったように立ち上がった。「あれ。えっと、いったい――」

シャワーを一緒に浴びようと向かったところで記憶が飛んだという。

二人には早々に帰ってもらい、清掃に入ってもらった。

フロントに一〇五号室から内線が入った。「来てください」とスタッフからだ。

一体今日はなんなんだと部屋に向かうと、スタッフが「ここ、見てください」と指をさす。

備え付けの小さなワードローブの横、何のスペースなのか奇妙なでっぱりが壁にあるのだが、その足元あたりに、蹴破られたような穴が開いている。

「なんだこれ」

しゃがみこんで覗き込む。割れた壁のすぐ裏には、埃を被った黒い小さな鳥居と御札。

そして、何のものかはわからないが、燃やされた骨片がこんもり盛られて置かれてあった。

三代にわたりそのラブホテルを経営しているシミズさんがマネージャー時代、父親が経営している時にあった出来事である。当時の社長である父親に連絡して事情を話したら、青い顔をして飛んできたそうである。

「その部屋はすぐに閉めて、今日は誰も入れるな、っていう。で、翌日、見てみたら、その穴のあったところにベニヤが打ち付けてあるの。その次の日には知り合いの内装屋に壁紙張り替えてもらってたよ。誰も知らないうちにこっそりと。親父が自分で手配して」

部屋で放心した男性がなんでわざわざあそこの壁を蹴破ったのか、また、何を見たのか聞いたのか、結局何もわからないんだけど――。

「祖父の代からの何かを親父は知っていたんだと思う。あのでっぱり部分、構造にまったく関係ない施工なんだもん。あの後、親父が急死して、俺、仕事継いじゃったんだよね。今のところ何もないけど――やっぱりあの部屋は気味悪いんだけどね」

昭和レトロな面影を残したまま、彼の土地でホテルは営業している。隠された何かは、今もその部屋にある。

家に来た人

リエさんが借りている駐車場の向かいにある一軒家なのだが、ここ二年は空き家だった。建って十二年ぐらいだというが、知っている限り、入居者は一年ともたない。

リエさん視える人なので、それは当然だろうなといつも思っていた。その家には、何やらわけのわからないものが棲みついている。それは間の抜けた大きな男の顔をして二階の窓からのぞいていたり、真っ白な老人の姿で一階のベランダに立っていたりする。

そんなのが視えない近所の人たちも密かに「呪われた家」と口にするが、あながち間違っていないと思う。土地が悪いのだとリエさんは言う。

その家に若い夫婦がふたりで越してきた。

ある朝、リエさんは駐車場の車の中で、出かける約束をした友人が来るのを待っていた時のこと。横にワンボックスカーが停まった。スライドドアが開き、降りてきた男女が並んで向かいのあの家に向かって歩いて行く。

リエさんは思わず「うわあ」と声を出した。

歩いて行くふたりの後ろを、ヒトでないものたちがズラズラと列をなしている。それは今彼らが降りてきた車から、湧いて出るように連なっている。

何人憑けているんだ？　何をこんなに憑けているんだ？

ふたりは家の玄関を開けると、中へと入っていった。閉じたドアをすり抜けるように、続いているモノたちはどんどんと中へ消えていく。

その列が果てしなく続くのを呆けたように見ていると、友人がフロントガラスをコンコンと叩く音に我に返った。

「あの家って、確かに、何かが棲んでいたんだけど。あれだけ憑けた人が越してきたら、その何かもたまったもんじゃないかと思うのよね――。もしかしたら、今度の人たちは大丈夫かもしれない。うん、たぶん、大丈夫だと思う」

二年経ったが夫婦はまだいる。最近は、赤ちゃんを連れて歩く女性をよく見かける。あの家は相変わらず妙な感じはするけれど、前と違って――更によくない感じがする、とはリエさんの弁。

一番怖い電車

朱雀門出

二十年くらい前、Kさんが小学生のときの出来事である。

その日は冬だった。下校時には日もかなり傾いていて薄暗かった。

学校を出て、家に向かうKさんに大人の男性が近づいてきた。父親くらいの年格好で、スーツ姿である。暗くて顔はよく見えないけれどその男は明らかに、Kさんに顔を向けており、彼を目指している。父親のことを考えるとまだ職場で働いているはずの、こんな時間なのに父親のように会社員と思われる大人が近づいてくることが理解できず、また、身に覚えもなく、Kさんは襲われるのではないかと危険を感じた。しかし、足には逃げ出すような力はなく、逆にこわばってしまってその場にとどまるしかなかった。

その恐怖や緊張は少し和らいだ。

その男性は見知った人物だったのだ。父の同僚のSさんである。Sさんは、Kさんの家に何度か来たことがある。子供好きで、面白い話をしてくれて、楽しいおっちゃんとして記憶にあるのだ。

ただ、なぜこんな時間に、こんな所に？　という疑問は依然として残っていた。それで近づいてくるSさんをただ眺めていた。そんなKさんの傍にSさんは到達すると身を屈めて話しかけてきた。

「Kくん、Kくん。一番怖い電車を教えて」

と訊いて来たのだ。

表情にはなんの感情も含まれていなかった。わからないから教えて欲しいと困っているとか、こんなことを知っているかなとクイズ感覚で訊いて笑っているわけではなかった。そうではない、無感情な問いかけはSさんらしくなく、なんだか不気味に感じていた。

それに、そもそも意味がわからない。というか、電車が怖いと思わないので、一番も二番もない。現在ならば、そう説明できるけれど、その時はそんな説明は思い浮かばず、Sさんの顔を見上げてただ黙っていることしかできなかった。

Sさんは、怒った表情を浮かべた。即答できないことが、怒るようなことだろうか。その予想していなかった感情の表出に、Kさんは怯えた。危害でも加えられるかもしれない。怒鳴られるかもしれない。そんなKさんの不安とは裏腹に、Sさんは背を向けてKさんから離れていった。Kさんはその後ろ姿をホッとした気持ちで眺めていたが、Sさんの姿は途中で薄れて消えた。

幽霊？　と、信じられない光景にKさんはゾッとした。

同じ頃、Kさんの父親や他の友人のところでもSさんは目撃されていた。その時刻だとSさんは出張で外出しており、目撃されたオフィスにはいないはずだ。しかも、消えたので父親や友人はKさんのように霊的な可能性を疑った。ただ、一番怖い電車について質問されたのはKさんだけだった。

皆がそんな〝幻〟を見た時間、Sさんは電車事故で亡くなっていた。

Sさんを轢いた電車。それが彼にとって一番怖い電車だということだろうか。それは、目にはしていないけれども、Kさんにとっても一番怖い電車となった。

へきりじ陣屋跡の怪

北海道の北斗市に〝隠れキリシタンの墓〟と呼ばれる心霊スポットがある。隣の函館市に、私は学生時代に住んでいた。こうやって怪談を書いたり語ったりしていることから容易に想像がつくかと思うが、そこへ何度か取材に行ったものだ。

そこへは皆乗用車で向かうのだけれど、空席を設けてはいけないと言われていた。空席があると、そこに隠れキリシタンの怨霊が乗っているというのだ。

実際にその墓地には十字架の形をした墓が並んでいる。明らかにキリスト教徒の墓地だとわかる。そして、その傍には松前藩戸切地陣屋跡という史蹟があった。一八六八年の箱館戦争の時に件の陣屋が破壊されて、今は跡地になっているのだ。

そんな風に松前藩の陣屋があるから、江戸時代に禁止されていたキリスト教を信じていた者が、松前藩から迫害され、その陣屋にいた侍に虐殺されて埋められたのだという話が語られていた。肝試しの前にその話を聞いて怨念が強く残る地だと想像したものである。

それに加えて、前述の空席に乗る怨霊の話も聞くし、肝試しそのものに関する別の話も聞いたものである。

それは当時私も通っていた大学の学生寮で、新人を歓迎する肝試しの話である。そのときに、とびきり怖がりの学生がいた。話を聞いただけで震え上がり、なんとか免除して貰えないかと懇願した。それはむしろ逆効果で、彼は面白がる先輩連中からすると最も期待通りの反応をしてくれそうな有望株となった。

肝試しの前に先輩達は、あの空席を設けると乗る怨霊が出るという話に加え、肝試しを終えて車に戻ると窓と言わずドアと言わずボンネットなどにも無数の手形が付いており、その後その車は事故に遭った。という話であるとか、帰ろうと車のエンジンをかけるとかからない。落ち着こうと手を止めて前を見ると、知らない人々が怒りをあらわにして睨みながら車を押し戻していたという話をして、散々参加者を怖がらせた。例の怖がりな新入生は特別怖がっていた。

隠れキリシタンの墓には直接は乗り付けない。傍にある戸切地陣屋跡の駐車場に車を停めるのだ。そこから、一人ずつ歩いて墓地に向かい、蝋燭を立てて戻ってくるという段取りになっていた。

怖々ながら新入生達はミッションをこなしていく。嫌がっていた例の怖がりな新入生も行かざるをえない。数人が無事に戻るのを見て、少し安心したのだろう。彼は思いきって、墓地を目指した。

しかし、十分くらいで戻ってくるはずなのに、十五分経っても二十分経っても戻ってこない。まさか、逃げ出したのだろうか。いや、逃げたとて寮までは遠すぎて到底帰り着けない。知らない土地で、しかも明かりがない中を帰るなど、そちらの方が怖い。

それで、先輩が様子を見に行った。

暗い道を進むと、笑い声がする。肝試しの晩にはふさわしくない明るい笑い声だ。しかし、声に聞き覚えがある。あの、怖がりな新入生の声だ。

急いで駆けていくと、道の真ん中で、あの新入生が白目を剥いて笑っていた。明かりを手にせず、真っ暗な中、たった一人で大声で笑っているのだ。あの温和しく気弱そうに小声で話す彼とは思えなかった。狂っているのだと思えた。

結局、そのおかしくなった新入生は元に戻ることなく、大学を辞めていった。

……という、肝試しに訪れると気が触れるという話までも、たっぷりと隠れキリシタンの墓に関する怪談を聞いたOさんは、函館に住む友人と、深夜にまさにその場所へと向かっていた。

Oさんは怪談好きで心霊スポットの探検も好きだった。大阪在住で、その日は函館に出張で来ていたのだ。同行した友人も心霊スポット探検好きであり、わくわくして向かっている。ちゃんと、四人乗りの車に三人で乗り、空席も設けていた。

あの肝試しの学生達の行動をなぞるように、陣屋跡に車を駐めて歩いた。

実際に戦争に使われた陣屋の傍を通り、墓地へと向かう。真っ暗で雰囲気がある。そんな未舗装の道をしばらく行くと、十字架が沢山見えた。話の通り、キリスト教徒の墓地だ。ただ、どれもそんなに劣化していない。江戸時代の死者を弔うものにしては新しすぎるのだ。そこは少々気になったが、初めて見る沢山の十字架には興奮した。

雰囲気は噂通りであったが、結局、怨霊には遭わなかった。それが起こしたと思えるような怪奇現象にも遭っていない。車に手形も付いていないし、エンジンもかかるし、押し留める大勢の人々も目にしなかった。事故にも遭わず、無事にホテルに帰り着いた。

それでも、Oさんにとっては楽しい思い出にはなった。大阪に帰ってから、懐かしみながらその隠れキリシタンの墓をネットで検索してみた。すると、驚くべき事実がわかった。

実際は、あの墓地は隠れキリシタンの墓ではなかったのだ。実は、今も使われている、れっきとした墓地であり、正式名称は『上磯(かみいそ)ハリストス正教会野崎(のざき)墓地』というのだとわかった。そして、実際には松前藩も迫害していたわけではなく、単に箱館戦争のときの陣屋が近くにあっただけということだった。心霊スポットとするのであれば、どちらかというと、陣屋跡の方が戦争での恨みが籠もっていそうなくらいであった。

現在も使われている墓地なので、肝試しなどで荒らされたりすると、迷惑なのだとも書かれていた。それを読んでOさんは知らなかったとはいえ、悪いことをしたものだと罪悪感を持った。

そういった真相を知ったこともあって、隠れキリシタンの墓（実は通称）についての記憶は薄れていった。

が、ある日、大阪の繁華街を歩いていたときのことだ。

Oさんめがけて、全然知らない人がやってくる。気弱そうな大学生らしき男性が、大勢の中からわざわざ自分を目指してやってくるのだ。その男性はOさんの目の前に立ち止まると、

「あの、あの……」

と、何か言おうとしている。が、もじもじとしていて、用件がわからない。思わずOさんの方から問うた。

「え？　なんですか？」

その言葉で、踏ん切りが付いたのか、その男性は妙なことを訊いてきた。

「戸切地陣屋ってどう行くんですか？」

え？　へきりじじんや？

と、意外な質問にOさんは少し困惑した。ここは大阪だ。そんな離れたところで、北海

道のあの観光地の行き方を問うのは、場違いであり、効果的でもない。ただ、隠れキリシタンの墓（通称）には怨霊はいなくても、陣屋跡の方は実際に戦争に使われており、また、肝試しで怪奇現象に遭う地と言われているし、さらに、そこにOさんが行っていたことをなぜか知っていて訊いているような気がして、その奇妙さを不気味に感じ始めていた。

返答に困っていると、その男性は突然、笑い出した。

それも大きな声である。その音量に狂気を感じる。しかも、理由のわからない明るい笑い声なので、それがさらに異常さを増幅させている。

周りの者達がOさんと男性を見ているのに気付いた。一緒に思われたくないというのもあり、また、男性の様子が怖くもあり、Oさんはその場を逃げ去った。その背中に明るく大きな笑い声がずっと浴びせられていた。

ヒヨコ

三十年も前のまだＩさんが小学校低学年の頃の話である。

その日、Ｉさんは弟と二階にいた。当時一戸建ての庭付きの家に住んでおり、二階には彼らの部屋があったのだ。

外から子供がはしゃぐ大きな声が聞こえてきた。庭に勝手に入ってきて遊んでいるようだ。

弟も同じ判断をしたようで、二人で顔を見合わせると、一緒に窓を開けて庭を覗いた。

案の定、庭に人影があった。背丈からして子供のようである。

図々しくも他人の庭でバドミントンをしていたのだ。

ただ、その顔が変だった。頭部は黄色い羽毛で覆われており、クチバシがある、どう見てもヒヨコなのだ。え、何、あれ？　と、一緒に見ている弟も驚いている。

ただ、頭部がヒヨコであるだけで、体は人間だった。半ズボンを穿いており、襟なしの半袖シャツを着ている。そのシャツには仮名や漢字、アルファベットとは異なる奇妙な文字が書かれていた。なんとなく、どこかで見た服のような印象はある。従兄弟が着ていたように思えたが、実際に従兄弟はそんな服は持っていない。

また、ヒヨコと言えば可愛いが、そいつらの顔は可愛く思えなかった。人間の体に乗った不気味な鳥の頭なのだ。

そこに凄い勢いで大きな何かが駆け込んできた。

それはIさんの父親だった。手に金属バットを握って血相を変えて駆け込んできたのだ。

うわっ、お父さん、何をするんだろうと、ビックリするのだが、厭な予想も頭に浮かんでいた。

案の定、父親は手にした金属バットで、そのヒヨコの頭をした子供を殴りつけた。一撃で一人が倒れた。それを目にして逃げるもう一人も、殴り倒した。とどめを刺しているのか、倒れているのを何度か殴っていた。ヒヨコの頭部を持つ二人は動かなくなっていた。

その恐ろしい光景をIさんと弟はただただ、眺めていた。あまりの怖さに動けなかったのだ。

気配にでも気付いたのか、父親がIさんを見上げた。目が合った。いつも感じていた優しさは欠片も感じられず、殺気すら覚える冷たい目付きだった。

こっちまで殺される！　とゾッとして、窓から頭を引っ込め、部屋で弟と震えていた。

お父さんがバット握って二階まで上がってきたら、どうしようと思っていたけど、それはなかった。

そのうちに日が暮れる。母親が夕飯ができたと呼ぶ声がする。どうしようかと弟と困っていると呼ぶ声に怒気が混じりだした。

仕方なく二人でおそるおそる降りると、食卓にはいつも通りの父親が座っていた。目には怒りはなかった。が、親しみも優しさも感じられない、どこかぼうっとした目をしていた。

父親のあの優しい表情は何日かして戻ってくるのだけれど、あのヒヨコ頭の子供については、今もって父親からはなんの説明もないし、Ｉさんからも訊けずにいる。

狛犬の死骸

Ａさんが小学生の時。いつも一緒に遊んでいた、大変仲の良い友人のＢくんとその日も探検と称して、学校から少し先に行ったところにある山に分け入っていた。山道から逸れて藪に入る。初めて足を踏み入れる場所を進んでいくことで、二人は興奮していた。

突然、眼前が開けた。

一件の屋敷が建っていた。が、玄関の戸が失われており、所々崩れているので廃屋だとすぐにわかった。

探検している気分に勢いがつく。が、流石（さすが）に家に上がるまでの勇気は起きなかった。まず、周囲を確認しようとＡさんは思ったし、相談しなくてもＢくんも同じようなことを考えたようだ。自然と壁に沿って進む。

と、庭に出た。

なんだか危険なところに来たのではないかという本能的な警戒感がわいた。また、惨劇の場にでも出くわしたような、そんなゾワリとした死へのおそれも抱いていた。

目鼻のついた何かが庭中に倒れているのだ。

一瞬、負の印象を抱いたのは、それらを目にしたのが原因だった。

ただ、すぐにそれは肉ではなく、石でできたものだとわかり、少し緊張は緩んでいる。

実は、狛犬(こまいぬ)がいっぱいうち捨てられていたのだ。神社でよく目にするあの狛犬だ。五体満足なものもあれば、頭部だけのものもある。こんなに狛犬だけを捨てる場所があるのか。それも石屋のようなところではなく、住居の庭だ。こんなことをするのは誰なのか。捨てているのではなく、そう配置するような何か別の理由があるのか。など、ここまで整然とは疑問を意識していないまでも、なぜ誰がという疑問で頭がいっぱいになっていた。唖然として立ちすくみ、破壊されて打ち捨てられた狛犬達をAさんは見下ろしていた。

「狛犬の死骸や。コワっ！」

とBくんが言った。その声でAさんは我に返った。死骸とまでは思わなかったが、彼の言う通り、これは怖いものだ。ここから離れなければと思った。

Aさんは、Bくんに帰ろうと提案した。

意外にもBくんは激しく首を振った。

「いやや。帰らへん」

なぜ、と訊いても「気に入った」という。いや、ここは何かおかしい。危険な感じだから帰ろう。持ち主とかに見つかったら何をされるかわからない、と狛犬を指さして説得するが、Ｂくんはきかない。

こんなことをしていると日が暮れてしまうと、危惧したＡさんはＢくんの服を引っ張って強引に庭の外に出ようとしたが、抵抗されて失敗に終わった。

ＡさんはＢくんの親を呼ぶことにした。一旦、山を下りて、助けを呼ぼうと考えたのだ。急いで山を下り、Ｂくんの家までやってきた。呼び鈴を押すと、Ｂくんの母親が玄関を開けて招き入れてくれた。

なぜか母親の背後にＢくんがいた。

あの場にとどまると言っていたＢくんである。追い抜かれたわけでもない。なのに、すでに家にいるのだ。

困惑するＡさんの目を見ながらＢくんは、

「ここから帰らへん」

と異常な言葉を口にした。あの屋敷の庭にいたときと同じようなことを言っている。しかし、状況が違う。そもそも、帰らないも何も自宅なので帰っているのだ。

そんな奇妙な言葉を口にし、馬鹿にしたように笑っているＢくんが怖くなり、母親に窘（たしな）めてもらおうとそちらを向くと、母親も同じように馬鹿にしたような笑みを浮かべていた。しかも、

「Aくん。晩ご飯、食べていき（なさい）」と笑いながら誘ってくる。「食べるやろ。晩ご飯」

Aさんは寒気がするくらいに怖くなって、晩ご飯は要らないと叫びながらその場を後にした。

Bくんとは以後、疎遠になった。お互いが避ける感じである。ただ、Aさんから避けるのはわかるが、なぜBくんも嫌がるのかわからず戸惑いもあった。Aさんが嫌がっている態度を見て、それならばこっちだって……と避けるという感じではなかった。何か秘密を隠そうとしているようなのだ。だから、何か怖い真相がありそうで、怖くてもう関わる気が起きないのだという。

よく首吊りに選ばれる樹を見に行った話

首吊り自殺が連続する樹という怪しげな存在を耳にすることがある。それらは同一の樹木とは限らない。まず、各地に存在するのだ。それは〝自殺の名所〟の樹木版といえよう。自殺が連続するのは、自殺者の霊が呼んでいるのだと解釈すると怪談的である。実際に、中国の昔の怪談でも縊死者の幽霊は次の身代わりの縊死者が出るまでそこに縛り付けられるので、積極的に生者をそこで縊死させるから特定の場所に縊死が連続するのである……という話があるくらいだ。

そのような事情もあり、怪談好きのTさんも、縊死が何回かあった樹木を見てきたという友人の話を耳にして興味を覚えた。本で読んだりしていたが、実際にこんなに身近にあるのかと喜んだのだ。

勿論、自殺者の霊が犠牲者を呼ぶのではなく、周囲に人がいなくなる時間帯があり自殺するときは一人になれて邪魔が入らず、さらには死んだ後は見つけて貰い易そうだとか、ロープがしっかりと掛け易くて無様なことにならなそうとか、そんな枝が（道具を使ってでも）ちゃんと手が届く場所にあるなど、都合良い物理的な条件に恵まれているだけだろう、とも心の隅で思ってはいた。一方で、先に死んだ者が引っ張ったり、樹自体に死を呼ぶ呪いがかかっていたりする不気味さは感じており、伝聞で知るだけだったそんなものが見られる機会が訪れたので、是非ともものにしたく思ったのだ。

しかし、いざ行こうとすると、案内役の友人とTさんとのスケジュールが全然合わない。友人はTさんの情熱を察して、その場所を教えてくれた。職場で会ったときに休み時間に一緒にスマホのマップアプリを開いて、件の樹を登録したのだ。

準備は整ったが、問題が一つあった。Tさんには足がなかったのだ。自家用車どころか、運転免許すら有していなかった。だから、移動手段はいいところ自転車であるが、その樹は自宅からはかなり距離があり、途中までは電車を使い、そこからは徒歩で向かうことにした。山に入るものの、歩いて三十分くらいだと見当をつけた。

雰囲気を味わうならば夜中だろうけれど、それでは帰りの電車がなくなる。それなら、いっそのことよく見える昼間であろうと、休日である土曜の昼食後に出かけた。幸いにも良い天気である。まさに雲一つない。予報では降水確率0パーセントであった。

住宅街を抜けて少し進むと、道に傾斜ができはじめる。マップアプリで見ると途中で登山道に入ることになっていた。指示通りに足を運ぶと、そこは舗装されておらず、土が剥き出しだった。左右には木々が生い茂り、森の中の道という印象だった。

木々に囲まれているから光量は減少している。いや、それにしても暗い気がした。真上に目を向けると葉の間から見える空は青くなかった。灰色である。

え？　雲がでてきた？　と思っていると、額にぽつりと水滴を感じた。掌を上に向けていると、そこにも、ぽつり、と雨滴が落ちた。

あんなに晴れていたのに？　と訝る暇もなく、雨足は強まっていく。強いというより、凄い雨になっていた。

樹の間にいるから幾分かましだけれど、確実に濡れており、服は水を吸っていく。

動揺して足を速めていたが、行く手に小さな家が見えてきた。これ幸いとその軒先に駆け込んだ。

真上からの雨の直撃は防げているが、風が強く腰から下への濡れ方は軒下もそこから離れても大差ない。

幸い……と言ってもいいのだろうか。玄関は曇りガラスの引き戸で、そこが開け放たれていた。

ただ、廃屋ではないようだ。玄関を覗くと綺麗に掃除されているようで、磨かれた床は薄明かりの中でも光を放っていた。

「あのう……」と土間に足を踏み入れて、おそるおそる中に問いかけた。「誰かいらっしゃいませんか」

「はいはい」と廊下の奥からはっきりとした声がした。問いかけが自分でも小さかったと危惧していたが、ちゃんと相手に聞こえたようだ。声からすると、四、五十代の女性のようで、この家の奥さんかと思われた。明るく優しい感じで、実際に親切な言葉をかけてくれた。「この雨で大変でしょう。どうぞ遠慮せずに上がってください。こっちで体を拭いて貰って、乾くまでいてくださって良いですからね」

今思えば、配達業者や家族への客かもしれないのに、雨宿りに来たことがなぜわかったのかとおかしな点はあった。しかし、そのときはこのびしょ濡れの心地悪さをなんとかしたいという気持ちでいっぱいで、それを解消してくれるというのだから、その言葉に素直に従うことにした。

「ありがとうございます！」と大きな返事をして、玄関で靴を脱ぎ、廊下に足を下ろした。ぐじゅ、と靴下が、含んでいた雨水を漏らした。足の臭いが浸みた汁で床が汚れた。しまった、と申し訳ない気持ちになる。

「いいよ、いいよ。後で拭きますから。気にせず、こっちこっち」

まるで監視カメラででも見られているようで恐ろしくもあるのだけれど、気になっていたことを許して貰っているのですっかり安心したTさんはそれでも靴下は脱いで、廊下を進んだ。水の足跡がついたけれど、仕方ないのだと自分に言い聞かせた。

廊下は薄暗かった。両脇にドアが並んでいる。声は廊下のずっと奥からしていた。今思えばやけに長い廊下だった気がする。

突き当たりにはふすまがあった。

「はいはい、そこのふすまを開けて入ってきて」とふすまの向こうから声がする。なぜか声の大きさは玄関で聞いたときと変わらない。それで進んだという気があまりしない。それを励ますかのように声が続いた。「遠慮しないで良いよ」

声に後押しされて、ふすまを開けるとそこは仏間だった。左手は箪笥、右手には仏壇がある、十畳ほどの畳敷きの和室である。遺影を探して長押に目をやったが、飾ってはいなかった。赤の他人の分際でこんなところに入ってしまって、とTさんは何か申し訳ない気持ちになった。

そこには声の主どころか、誰の姿もなかった。奥にはまだふすまがあった。また、入ってこいと言われたが、それはその奥へということなのだろう。この状況からするとそれしかないのだけれど、その奥へ行くのは躊躇(ためら)われた。

「いやいや、構わずに入ってきて」と声がした。なぜかまだ声は近くなっていなかった。「どうぞどうぞ」

Tさんは思い直して仏間を横切り、ふすまに手をかけた。

開けるとそこも仏間だった。

さっきまでの記憶が信じられず、振り返ると記憶通りにそこも仏間である。ただ、まったく同じ部屋ではなかった。調度品はそれぞれ違うし、仏壇もこちらは開いていて位牌が見える。ミカンとバナナも供えてあった。

仏間が二つもあり、それらが続いている。そんな異様さにその場に足を止めているTさんに、奥から声がした。

「まだその先だから」

この部屋の奥にもふすまがあった。声がちょっと近くなった気がしたので、Tさんはそのふすまも開けた。

その部屋にも仏壇があった。

流石にこれはおかしい。

「大丈夫、大丈夫。あと少しだから、こっちこっち」

と声がするが、Tさんはその奥へは進まなかった。今来た方へ向き直って戻り始めた。

奇妙なことに、見えているかのようにあれだけ行動に即して話しかけていた声がしなかった。戻りなさいと言われるかと覚悟していたのだが、まったくない。拍子抜けしているし、なんだか罪悪感も湧いてきた。

仏間を抜け、あの廊下に出る。玄関までやってきた。

最後まで、引き止めようと誰かが出てくるわけでもなく、引き止める声すらない。

玄関で靴下を履き、靴を履くと外に出た。

雨は止んでいた。というか、からっと晴れていた。

地面はまったく濡れていなかった。乾いたと言うよりは、雨が降った形跡がないという方があっていそうだった。

しかし、Tさんの服はびっしょりと濡れ、靴もずくずくだった。水を浴びるか池にでもはまったようだった。

振り返るとやはりあの家はあった。が、閉めた覚えのない、曇りガラスの嵌まった引き戸がしっかりと閉まっていた。

もう自分の記憶が信じられないし、今見ているものをこれまでの経験やそれによって構築した常識に照らし合わせて判断してもそれに自信が持てなかった。そういった不安を終始抱きながら、あの森を通り、駅まで戻った。途中で人間を目にして抱きつきたいような安心感を覚えた。そこからは徐々に自分を取り戻し、あの体験だけが異常なのだと思えるようになった。

当初の、首吊り自殺が連続する樹を見るという目的を思い出した。が、すでにそんな気はすっかり失せていた。

つくね乱蔵

ぐるぐるぐるぐる

金子さんは絵画を趣味としている。鑑賞するだけでなく、自らも描く。中学、高校と美術部に籍を置き、腕を磨いてきた。本当なら、美術系の大学に進学したかったのだが、家業である工場を継ぐ身として我儘（わがまま）は言えなかった。

その代わり、暇さえあれば絵筆を握るようになった。継続は力なりとはよく言ったもので、今現在の金子さんは、個展を開けるほどのレベルだ。特に得意なのは、鉛筆を用いた細密な人物画である。

結婚した当時は呆れていた妻も、今では応援してくれている。幼稚園に入ったばかりの息子も、お絵かきが大好きになった。

順調そのものだが、一つだけ苦情も貰っていた。絵画という趣味は、とにかく場所を取るのだ。作品を選別し、可能ならば、まとめて片づけて欲しい。

言葉を選んでいるが、要するに邪魔ということだ。妻の隣で、母も我が意を得たりとばかりに頷いている。四面楚歌、孤立無援である。

穏やかな会話が成立している間に、さっさとやってしまうに限る。金子さんは早速、作業に取り掛かった。

工場の敷地内に倉庫がある。部品や材料の保管場所であるため、空調機器が設置されている。直射日光が当たらないので、夏場でも高温にならない。絵画の保管にも最適の場所だ。

倉庫の片隅にプレハブの物置があり、使わなくなった家具や遊び道具などを入れているはずだ。絵画の避難先としては最適に思われた。

整理を始めて間もなく、懐かしい物を見つけた。幼い頃、自分が描いた絵だ。母の話によると、幼稚園で他の子が外を駆け回っている間、ずっと部屋で絵を描いていたらしい。

今の自分の原点である。絵の題材は犬や猫などの動物、友達や先生、ロケットや飛行機などだ。幼いながら丁寧に描かれている。やはり、この頃から光るものがあるな、などと自画自賛しながら、金子さんは見ていった。半分ほど見たところで、奇妙な絵が現れた。

一応、人物画である。沢山の子供の中心に、大人が一人立っている。状況と服装から察するに、幼稚園の先生を描いたようだ。

だが、その先生の顔がおかしい。おかしいというか、顔ですらない。

黒いクレヨンで描かれた丸印だ。今にも紙が破れそうなぐらい、ぐるぐると幾重にも塗り重ねられている。

一枚だけではない。幼稚園の庭で園児達と遊ぶ先生も、同じように首から上が黒丸だ。先生だけを描いたものもあるが、当然のように黒丸が乗っかっている。黒丸の絵は全部で五枚あった。いずれも先生である。何故このようなことをしたのか、まったく記憶がない。

金子さんはその絵を持ち帰り、母に見せた。その途端、母は露骨に嫌な顔を見せた。

「あーそうか、あそこに片づけてたわ」

確かにこれは、金子さんが描いたものであった。当時の担任の大崎先生ではないかとのことだ。最初に見た時、母も不思議に思い、黒丸の意味を訊いたそうだ。

金子さんは泣きながら、大崎先生はこんなふうにしか描けないと答えたらしい。

友達や、他の先生、当時流行（はや）っていたアニメの主人公などは普通に描けている。大崎先生だけがこうなる理由がわからない。薄気味悪くなった母は絵を捨てようとしたのだが、なんとなく怖くて先延ばしにしたのだという。

今現在、大崎先生は同じ幼稚園の園長になっていると聞いた金子さんは、翌日、息子を幼稚園まで迎えにいった。

園長先生自らが正門に立ち、子供達を見送っている。何処（どこ）となく見覚えがある。確かに大崎先生だ。当たり前だが、普通の顔だ。

自分の好奇心に苦笑いしながら、金子さんは息子を出迎えた。今日はお絵かきをしたんだと自慢げに言い、息子は持っていた画用紙を広げた。

見た瞬間、金子さんは鳥肌が立ったという。園長先生を描いたんだよという絵には、首から上が黒い丸の人間が描かれていた。

その夜、金子さんはスケッチブックを広げていた。息子に、きちんと描いた人物画を見せるべきだと考えたのである。

持てる技術をすべて使い、大崎先生を丁寧に描いていく。愛用の鉛筆を駆使して、目も鼻も口も写真のように精密に描く。昼間見ただけだが、その程度のことは簡単であった。

あと少しで完成というところで、金子さんは一番濃い鉛筆に持ち替え、出来上がった顔をぐるぐるぐるぐるぐると塗りつぶしていった。

そうしている自分の指先は見えているのだが、どうしても止められなかったという。

今現在、金子さんは、先生以外を描きなさいと息子に言い含めているそうだ。

河原亜紀子

岡村さんがその人形に出会ったのは、半年前である。

友人達と廃屋探検に行った時のことだ。友人達が楽しげにあちこちを見回っている中、岡村さんは誰かの視線を感じた。

恐る恐る振り返ったが、誰もいない。代わりに人形らしきものが転がっていた。らしきものと言うのには理由がある。

酷く不格好なのだ。近づいて拾い上げる。おそらくは、子供の手作りだろう。胴体は布製だが、両手両足のある場所には、小枝が四本刺してある。

頭部も布製で、目鼻口がある辺りには黒い丸印が描いてある。呪いの道具と言われても納得できる代物だ。

岡村さんはその人形を持ち帰ってしまった。廃屋に転がっていたゴミとはいえ、これは犯罪である。自分でもそれは分かっていたが、どうしても手放せない。

世の中に、これほど可愛らしい人形があるだろうか。ここで出会えたのは運命だ。本気でそう思えたのだという。

自宅に持ち帰った人形は、家族が過ごす居間に置いた。父も母も妹も気に入ってくれた。食事時なども、全員がじっと見つめる。

家族の会話などそっちのけである。誰言うともなく、名前を付けることになった。全員が同じ名前を思いついた。

河原亜紀子。それがその人形の名前である。

名前で呼ばれ始めた人形は、より一層可愛らしさが増してきた。

残業ばかりで家庭を省みなかった父は、定時で帰宅し、河原亜紀子と会話を交わす。

愚痴と泣き言しか言わなかった母も、河原亜紀子と井戸端会議で盛り上がっている。

岡村さん自身も、毎日の出来事を話すのが楽しくてならないという。

御家族の体調とか変化ありませんか、大丈夫ですかと問うと、岡村さんはしばらく考え込んだ。

「大丈夫ですよ。飼っていた猫が二匹とも死んだぐらい。あ、亀とハムスターも死んだっけか。あれ？　妹は何処に行ったんだろ？」

ここまで話し終え、岡村さんはあたふたと帰っていった。

五時までに帰らないと、河原亜紀子が泣き叫ぶらしい。

子供が死ぬ家

世間では嫌われる事故物件だが、特に気にせず住む人も多い。吉村さんもその一人だった。

最初に借りたのは大学を卒業して間もない頃。最寄り駅まで徒歩七分のマンションが、なんと月二万円である。

前の入居者は二人、いずれもが自殺していた。そんな部屋で二年過ごしたという。

次に引っ越したのは、バイト先に近いアパート。

一家心中があった部屋らしく、家族全員の幽霊が出るとのことだった。ここでも二年近く暮らした。

何もなかったといえば嘘になる。何度となくおかしな現象は起きたし、嫌な物も見たのだが、その度に宣言したそうだ。

俺はここから出て行かない。何故なら俺には他に行くところがないからだ。殺せるものなら殺してみろ。

面白いことに、そう宣言した途端、すべての現象はピタリと治まった。

要するに覚悟を見せればいい。自殺するような奴らは生命力が弱いから、バーンと一発かませばいいのだと吉村さんは嘯く。


今、吉村さんはその強がりを死にたくなるほど後悔している。

そう思わせたのは、吉村さんが最後に入居した物件だった。

マンションやアパートではなく、丸ごと一軒の家である。本来は貸家ではない。近々取り壊される予定であった。

というのも、あまりにも悲惨な現象が続いたからだ。何かが出るとか、物が動くとかのわかりやすいものではない。

この家で暮らすと、子供が死ぬのだ。健康そのものだろうが、元気一杯だろうが関係なく、必ず死ぬ。死に方も同じだ。

何かを目撃したかのように目を見開いて絶叫し、泡を吹いて引きつけを起こしたら最後だという。

こうまで同じ死に方が連続するのは普通ではないのだが、原因となるような事故も事件もない。そのため、管理会社は入居希望者に告知しなかった。

吉村さんが顔馴染みの不動産屋に、良い事故物件があったら教えて欲しいと声をかけていなければ知らずに済んでいただろう。

さすがにこの部屋は無理でしょうと笑う不動産屋に笑顔を返し、吉村さんはその場で契約を結んだ。

即決したのには理由がある。これに関しては大丈夫という確信があったそうだ。

子供が必ず死ぬというなら、俺みたいな独身男性が一人暮らしする分にはまったく影響がないだろう。

言われた不動産屋は、ぽかんと口を開けて絶句したという。

予想は当たり、吉村さんは何事もなくその家で三年間を過ごした。ずっとそのまま住み続けても良かったのだが、結婚を機に引っ越しを決めた。

さすがに妻になる女性は、事故物件で暮らせるほど気丈ではなかったからだ。

新築のマンションで暮らし始めて二年が過ぎ、吉村家に待望の長男が産まれた。妻は出産後、実家で一ヵ月を過ごした。

毎日送られてくる動画と画像を眺め、吉村さんは幸福に包まれながら、妻を迎えに行く日を待った。

一ヵ月後、吉村さんは約束の時間より一時間も早く、妻の実家に到着した。呆れ顔で出迎えた妻の腕の中で、愛しい我が子がすやすやと眠っている。

ようやく家族水入らずで暮らせる。父親として、夫として、最大限の愛情を注ぐつもりだ。

吉村さんは細心の注意を払って車を走らせ、我が家に戻った。

荷物は後回しだ。とりあえずドアを開け、我が子を抱いて玄関に足を踏み入れた。

その瞬間、我が子は目を見開いて絶叫し、泡を吹いて引きつけを起こした。

必死になって助けようとする吉村さんの手の中で、大切な我が子は僅か一ヵ月の人生を終えた。

「あの家で暮らすと、その後何処で暮らしても、必ず子供が死ぬ。それは、あの家との契約なんでしょうね」

次にまた子供ができても、同じ死に方をするだろう。

明るく振る舞おうと努力する妻に、何と説明すれば良いかわからないという。

図々しい奴

浅野さんが三十代の頃の話。

当時、浅野さんは山菜採りを趣味にしていた。

大抵の場合は二、三人の仲間と行く。山で知り合った、山菜採りの同好会のようなものだ。採れたての山菜を天ぷらにし、男同士で酒を酌み交わす。なんとも最高の時間である。

仲間の都合が合わなければ、単独でも平気であった。

その代わり、単独行の時は安全第一を心掛ける。体力と経験を過信せず、危険と感じたら迷わずに中止する。これを厳守したおかげで、遭難や事故に遭ったことがなかった。

その日、約束していたのは塚本という男だ。山で知り合った仲である。山菜に詳しいというぐらいしか情報がない。

住所や職業、年齢すら訊いたことがないのだが、特に困ることもない。現地集合し、楽しんだ後は現地で解散する。そこに私生活が入る必要はなかった。

一応、携帯電話の番号は登録し合っているが、使われたことがない。しかし約束の前日に、その番号から電話が掛かってきた。

「浅野さん、塚本ですが。申し訳ないんだけど、ちょっと家に立ち寄ってくれんかな。見て欲しいものがあるんだ」

初めて聞いた住所は、それほど遠くなかった。車なら三十分もあれば行ける場所だ。浅野さんは二つ返事で了承した。

名前から受けた印象は、豪華なマンションだったが、到着してみると名前負けも甚だしいアパートだった。駐車場が空いているから、好きな所に停めていいと聞いていたが、これもまた単なる空き地である。なんとなく気まずさを感じながら、浅野さんは車から降りた。

近くまで来たら電話が欲しいと言われている。早速、掛けてみると着信音が聞こえてきた。すぐ目の前の部屋だ。手書きの表札にも塚本と書かれてある。

ところが待てど暮らせど電話に出る気配が無い。面倒になった浅野さんは電話を切り、ドアを直接叩いた。

「塚本さん。浅野ですけど」

返事がない。何気なくノブを回すと、ドアが開いた。おそらく、糞便と思われる悪臭が溢れてくる。室内には人の気配がない。

もう一度呼びかけようとして、玄関に一歩踏み込む。その瞬間、奥の間で塚本の声がした。

「ありがとう」

「なんだ、いたんですか」

返事しながら奥の間を覗く。空中に浮く足が見える。塚本は奥の間で首を吊っていた。腰が抜けて座り込んだおかげで、全身が見て取れる。

ありえないほど伸びた首、紫色に膨れ上がった顔面。誰が見ても死んでいるのは確実である。

必死に部屋から這い出し、震える指で電話を掛けようとして気づいた。

じゃあ、さっき「ありがとう」と言ったのは誰だ。嫌々ながら振り向いて確認する。やはりどう見ても死んでいる。

浅野さんは考えるのをやめて電話に集中した。

救急車と警察が殆ど同時にやって来た。矢継ぎ早の質問が始まる。とはいえ、何を訊かれても答えようがない。結局、その一日潰れてしまい、山菜は諦めざるを得なかった。

身の回りがようやく落ち着くのに二週間ほど掛かった。死体を発見した衝撃がようやく薄れ始めてきた浅野さんは、その日一人で山菜採りに向かった。

色々と思うところはあるが、天然の山菜を美味しく食べられる時期は、それほど長くはない。行き先は何度も通ったことのある山だ。ハイキングに使われるぐらい安全な山である。何処にでもあるような山道を上っていく。

実は、塚本と行く予定の山だった。この山には浅野さんしか知らない穴場があり、仲間にだけ教えていた。塚本もその一人である。

「あんなに楽しみにしてたのになぁ」

思わず独り言を呟きながら、浅野さんは山道を進んで行った。

穴場への道は、生い茂った雑草で覆われているため、普通に歩いていては見つからない。目印は、大きな瘤（こぶ）がある木だ。その根本で休憩している時に見つけた道である。獣道ではなく、明らかに人が踏み固めた道だ。使われなくなって雑草が生い茂ったため、隠れてしまったのだろうと思われた。

前後に人が居ないのを確かめ、浅野さんは足を踏み入れた。湿った地面をしばらく進むと、少し開けた傾斜地に出る。そこが目的地だ。

コシアブラと呼ばれる木の芽が辺り一面を埋め尽くしている。アクのないほろ苦さが堪らなく美味い山菜だ。傾斜地を登りながら摘んでいく。

夢中で摘んでいた浅野さんは、ふと顔を上げた。人の気配がしたのだ。辺りを見渡したが誰もいない。少し空が曇ってきている。

そろそろ引き上げ時だ。下り始めた浅野さんは、進行方向にいる人影に気づいた。ここにいる筈のない男——というか、この世にいない筈の男。塚本だ。小首を傾げ、こちらをじっと見つめている。目と目が合った。

塚本は軽く会釈し、何か言いたそうに浅野さんを見つめる。気のせいや幻覚とは思えない。浅野さんは取りあえずその場を離れることにした。

大体の方角はわかる。迷わずに戻れる筈だ。少し登ってから振り返ると、また塚本が立っていた。小首を傾げ、こっちを見ている。

再び、目と目が合った。何故、現れたか想像もつかない。やることはやってあげたではないか。

おそらく、塚本は死んだ自分を早く見つけて欲しかったのだろう。だから適当な理由をつけて、部屋まで呼んだのだ。警察官がそっと教えてくれたところによると、かなりの借金があったらしい。

足を速め、本来の登山道を目指す。なかなか辿り着けない。振り返るとまだ塚本は立っている。やはり目と目が合う。一定の間隔を置いて、ずっと着いて来ている。

とにかく、相手にしない方が良い。本能がそう叫ぶ。前だけを見て必死に歩いた甲斐があり、あと少しで目印の木というところまで来た。

弾む息を整えながら、恐る恐る振り返る。いた。最初と同じく、小首を傾げたままだ。このままだと、家にまで着いてくるかもしれない。

切羽詰まった浅野さんは、思わず大声をあげてしまった。

「もういいから。いい加減、成仏してくれ」

思いが通じたか、塚本はその場から動こうとしない。それを見届けた浅野さんは、一心不乱に山を下りた。車に乗り込み、恐る恐る登山道を見る。

塚本の姿はない。ようやく気持ちが落ち着いたところで気づいた。

山菜を入れた籠を置き忘れてきた。取りに戻るのは論外だ。諦めるしかなかった。


その後も塚本は、浅野さんが山菜採りに行く度に現れた。少し離れた場所で会釈し、何か言いたそうに見つめてくる。

現れるのは山だけである。日常生活の場には出て来ない。なんらかの制限があるのだろうが、浅野さんには関係のないことだ。

「多分ですが、供養して欲しいんでしょうね。図々しいにも程があるって話ですけど」

子供が産まれたのを切っ掛けに、浅野さんは山菜採りをやめてしまった。

塚本はまだ待っているかもしれないが、毛ほども気にならないという。

対決

昭和中期、稲村さんが生まれ育った村で起こった話である。

稲村さんは、村でも評判の美人姉妹だった。稲村さんは、当時まだ十二歳。姉の美里さんは十七歳になったばかりである。

二人とも、村で一生を終える気はない。それぞれに夢がある。稲村さんは学校の先生、美里さんは女優。その夢を叶えるだけの熱意と才能を持ち合わせていた。寂しくなるに違いないのだが、両親は全面的に応援していた。娘たちが全員巣立った後は、自分達も村を出るつもりである。

農業は何年も前に辞めており、二人とも町まで働きに出ている。老後のことを考えると、不便な村に住み続ける必要はなかった。

村人たちは事あるごとに残留を勧めてきたが、両親の意思を曲げるほど、魅力的な提言は出来なかった。それならばと村長が言い出したのは、祭への奉仕だ。

あんたたちは今でこそ農業を辞めてしまったが、田んぼのおかげで食べてこれたのは確かだ。ならば、この土地の神様に感謝してから村を出るのが礼儀ではないか。今年の祭は五十年ぶりに本格的なものをやりたい。ついては、美里さんに巫女をやってもらいたい。それが村長の提案だった。意外にも、美里さんが積極的に身を乗り出した。巫女としての経験が、将来の役に立つかもしれないと両親を説得し、大役を引き受けたのである。

村には、いつ建立されたかわからない神社がある。祀られている御神体も不明で、常駐の神主もいないのだが、儀式だけは正確に伝わっているとのことであった。

供える物の種類と数、吊り下げる御幣の形と枚数から始まり、神主の所作振舞いから祝詞に至るまで、きっちりと決められている。巫女の役割もその一つである。

ただ単に神楽舞いを覚え、披露すれば済むわけではない。巫女は、神様を接待する重要な存在である。祭の当日まで隔離に近い状態で、人との交流を避ける。境内に専用の家が用意され、祭が終わるまでは巫女担当の老婆以外、誰とも会えない。当然、連絡も取れない。そうやって神様を迎え入れ、祭が終わるまで毎朝毎晩、神楽舞いを奉じる。五十年前に巫女の大役を果たした女性は、九十六歳で亡くなるまで幸運に恵まれ続けたという。

美里さんは家族にガッツポーズを見せ、意気揚々と神社に向かった。

村は祭に向けて賑やかになっていく。いつもはひっそりとした広場に、わざわざ舞台が作られた。村の有志が能を奉納するらしい。

外部の人間は一切参加させないため、露店などはない。それでも、いつもとは違う華やいだ空気が村を包んでいる。

残念ながら、巫女の身内は祭に行ってはならないとされていたので、美里さんの活躍は見られなかった。その代わりと言ってはなんだが、村長から御礼の品物が大量に届いた。とりあえず、祭は無事に終了したのがわかった。

明日はようやく美里さんが戻ってくるという夜、家族はいつもより早く寝床についた。

真夜中近くのこと、稲村家の戸が激しく叩かれた。平和な村では有り得ないことだ。父が薪を片手に、思い切って声を掛けた。

「稲村さん。戸を開けてくれんか」

返事をしたのは村長であった。いつもの穏やかな声ではない。強く尖った声だ。

開けた戸の向こうにいたのは、村長だけでは無かった。沢山の村人で埋め尽くされている。

「あの、何かあったんですか」

返事の代わりに村長は、背後に合図した。突き飛ばされるように出てきたのは、美里さんであった。

巫女の衣装が破かれ、顔面には殴られた痕がある。右目が腫れあがり、鼻も折れている。太腿から足首にかけて流れた血がこびりついている。

酷い暴行を受けたのは明らかであった。

「神様をお迎えする役目の者が、事もあろうに神社で性交するとはなぁ。呆れたもんだよ」

あまりのことに父は絶句した。代わりに、普段は物静かな母が怒声を発した。どう見てもうちの娘は被害者だ、巫女を守れない神様に何の力があるのか。

正論を突きつけられた村長は、苦虫を噛み潰した顔で経緯を話し始めた。

突然、巫女専用の家に見知らぬ男たちが現れたのだという。男たちは止めようとする老婆を殴り倒し、美里さんに群がった。

何処かで祭の内容を知った男たちが集まって計画したのだろう。そのようなことは人間は勿論、神様でも予想できる筈がない。

巫女として務めるならば、舌を噛み切ってでも純潔を守るべきだった。いかにも迷惑そうな顔で村長は話し終えた。

父は激怒し、村長に掴みかかったが、たちまち村人たちに取り押さえられた。

「祭を台無しにした責任は取ってもらうから。ああ、そうだ。言い伝えによると、祭を穢(けが)した者は三日以内に真っ赤になって死ぬらしいよ。まぁ、あくまでも言い伝えだから、気にしなくてもいいんじゃないかな」

そう言い捨て、村長は立ち去った。

稲村さんは、その夜のことを今でも鮮明に思い出せるという。一瞬ですべてを失ったから当然といえば当然だ。

村には駐在がいない。そもそも、警察に相談するのは美里さんが拒んだ。このぐらいのことで夢を諦めてたまるかと、美里さんは気丈に笑った。

明け方近く、稲村家の屋根の上で鶏が鳴いた。家族が飛び起きるほどの大きな鳴き声であった。何事かと外に飛び出して確認したが、それらしきものは見当たらない。ふと見ると、美里さんの姿がない。嫌な予感がした稲村さんは、美里さんの部屋に走った。

布団の上に美里さんは横たわっていた。身体中の穴という穴から血を流し、既に息絶えていた。

村は三日間連続で葬儀が行われた。四人の男が美里さんと同じように血塗れで死んだのである。その中には、村長の息子も含まれていた。

そのせいか、責任云々は問われなくなったが、村八分どころの話ではない。葬儀すら拒否された稲村家は、美里さんの遺体と共に村を出た。

残された家族は、狭いアパートの一室で必死に生き延びたという。

稲村さんは無我夢中で勉学に励み、大学をトップの成績で卒業し、念願の教師になることができた。既に母は病死しており、報告する相手は父だけである。娘の晴れ姿を見た父は、声をあげて泣いた。

二年後、稲村さんのマンションを父が訪ねてきた。父は優しく微笑み、懐から通帳を取り出した。良い家庭を築いてくれと言いながら渡した通帳には、結構な金額が入っていた。どういう意味かと問う稲村さんに、もう一度微笑み、父は言った。

「どうしてもあの神が許せないんだよ」

日本中を巡り、凶悪な霊がいそうな場所を訪ね、ありとあらゆる怨念を自らの体に取り憑かせる。そうやって自らを穢れの塊にした上で、神社に乗り込む。父は、神と悪霊の対決を狙っているのであった。

何を言っても父の決意は揺るがなかった。

さらに二年後、稲村さんの部屋の電話が鳴った。父であった。近づけないから、窓から顔を出して欲しいという。

少し離れた木の下に父はいた。別人のように痩せている。父は、ゆっくりと手を振り、去っていった。後ろ姿は見えなかった。父の背中には、無数の黒い人影が折り重なって貼りついていたからだ。

それからの父の動向は不明である。村や神社がどうなったかも記録に残っていない。

稲村さんは父との約束通り、優しい家族と共に穏やかな日々をおくっている。

黒木あるじ

迎

盆の風習は地域ごとに特色がある——そのことを、竹内さんは最近知った。

「迎え火だけでも多種多様なんですよ。樺の樹皮を燃やすところもあれば、細い木を護摩壇のように組んで焚く地方もあるんですって。ほかには赤や緑の鬼灯(ほおずき)を飾ったり、玩具(おもちゃ)の車を軒先に吊るしたり、なかには墓で獅子舞を披露する地区もあるようです。〝これほどバラエティに富んでるのか〟と驚きました。調べてみるもんですね」

さて——なぜ彼は、突然そのようなものに興味を抱いたのか。

「きっかけは実家なんです」とは本人の弁。

あるとき、自宅で毎年おこなわれているお盆の作法が気になり「似たような風習はあるのかな」とインターネットで検索してみたのだという。もっとも、残念ながらウェブ上に類似の風習は見つけられなかったようだが。

「まあ、こっちはズブの素人ですからね。調べ方が下手なんでしょうけど」

竹内さんは頭を掻いて弁明したものの、私はその意見に首肯しなかった。

彼が説明したような風習など、聞いた憶えがなかったからだ。

八月十三日の夜、彼の家族は「籠もる」のだという。

日没前に夕餉を済ませると、一家は全員仏間に集まって早々と床に就く。

玄関に鍵をかけ、雨戸も障子も襖も閉め、寝床でじっと息を潜めて夜明けを待つ。もちろん部屋の外には出られない。便所へ赴くことはおろか声を発することも布団を抜けだすことも禁じられている。

やがて翌朝、障子の向こうが明るくなるころ、まずは父が起きあがり様子をうかがう。それから母親が室内をまわり、いずれの戸も開いていないのを確認する。まもなく広間へ戻ってきた母が施錠の無事を告げると、父が「よし」と頷き、すべてが終わる。

以上が、竹内家における〈迎え盆〉の風景だった。

「幼いころからずっとそんな感じだったので〝ほかの家でもそうなんだろうな〟と、疑問を抱かなかったんですよね。お盆って面倒だなあと思うくらいで」

ところが、先述どおり竹内さんは気づいてしまった。

「はたして我が家の盆は一般的なものなのだろうか」と考えてしまった。

「なんでウチってお盆に籠もるの？」と両親に訊いてみたものの、父も母も「昔からそうなんだ」と言うばかり。やむなく自力で調べ、他所と大きく異なるところまで判明したが、その先はわからずじまい。調査は袋小路に迷いこんでしまった。

そんなおり、竹内さんは同僚に誘われ、某所でおこなわれた怪談イベントに参加する。そのイベントに登壇していたのが私だった。したり顔で東北の奇習や奇談について語る姿を見て、彼は「この人物だったら、なにか判るかもしれない」と閃いた。そこで終演後に私の楽屋を訪問し、かねてからの疑問をぶつけたのである。


「なるほど……それは興味深いですね」

竹内さんの説明を聞き終え、私は率直な感想を口にした。

たしかに、特定の日に外出を禁じる「物忌み」「忌み日」は各地に存在する。

たとえば伊豆七島では一月二十四日が物忌みの日となっており、この日は外へ出ることが禁じられている。島民は家に籠もり、戸口に柊や海桐花など魔除けの枝や葉を刺して過ごす。便所に行くことも許されず、空き瓶などを使って用を足すのだという。これは「海難法師」と呼ばれる水死者の悪霊に遭遇しないためとされ、海難法師を見た者は、その姿とおなじ死に方をすると恐れられている。

また、徳島県には夜行日と呼ばれる忌み日があり、この日は首無し馬にまたがった一つ目鬼「夜行さん」が出現するといわれた（地域によっては首無し馬そのものが夜行さんと呼ばれることもある)。そのため、人々は夜に出歩かぬよう控えたそうだ。

私が暮らす山形県も、西川町大井沢地区に「正月の十五夜は厠へ行ってはいけない」との言い伝えがある。この夜は厠神の一種「せんち神」が来るとの伝承があり、家の主はせんち神を迎えるために便所を掃除する。掃除のあとに便所を覗くと白衣の女が機織をしており、その姿を見た者は年内に死ぬといわれている。それゆえ、この晩は便所に行ってはならないのだという。

と、さまざまな例を挙げたが、それらと比較しても竹内家の「忌み日」は珍しい。なにせ迎え盆なのだ。基本的には、門戸を開放して死者を迎える日なのだ。その夜に家族全員が籠城するなど聞いたためしがない。

なぜ、一家そろって隠れるのか。どうして何者も侵入できぬよう戸を閉めるのか。いったい——なにをそこまで恐れているのか。

「ほかに情報はありませんか。いつごろが起源だとか、もし破るとどうなってしまうとか、その日に〝来るモノ〟の詳細とか、心あたりはないですか」

こちらの問いに、竹内さんは「わからないです、すいません」と力なく首を振った。

考えてみれば当然だ。それがわかっているなら、わざわざ〈お化け屋〉に相談などしないだろう。おのれの粗忽な質問を恥じつつも、私は内心で「この話は怪談未満にカテゴライズすべきだな」と考えていた。

たしかに特異な風習だが、どんな家庭にもコミュニティ内だけのルールは存在する。たとえば、「ラーメンには絶対にケチャップを入れる」家庭があったとする。他所から見れば奇妙に映るかもしれないが、その家ではしごく日常的な習慣であり、不思議に思いはしないだろう。理由を問われても「我が家ではそうなんだ」としか言いようがないはずだ。つまり竹内家の慣習も「ケチャップラーメン」の亜流と考えるのが妥当ではないか。

背景に人智を超えたモノが見え隠れしているならばともかく、現時点で「おかしい！　怪しい！　怖い！」と騒ぐのは先走りすぎだ。土俗的な風習を安易に怪異と結びつける行為は、ある種の偏見や差別にほかならない。自分が知らないから怪しいと断定するのは、単なる傲慢だ。

ゆえに、これはまだ怪談ではない。

怪談たりえる可能性を孕（はら）んではいるけれど、いまのところ怪談に成ってはいない。

私の半端な講釈に、竹内さんが「なるほど」と頷く。

「たしかに情報がなさすぎますよね。〝我が家ってなにか秘密があるのかな〟と、すこしワクワクしていたんですが……なんだか変な話をしちゃって、すいません」

なおも詫びようとする彼を慌てて取りなし、こちらが頭を下げた。

「とんでもない。私のほうこそお役に立てず、申しわけないです」

平身低頭する姿を見て潮時を悟ったのだろう。竹内さんが帰り支度をはじめる。

と——鞄に私の名刺をしまいながら、彼がぼそりと呟いた。

「……せめて、弟みたいに見ていたら良かったんですけどね」

「え、ちょっと待ってください」

思わず立ちあがりかける。

「見ていたら……って、どういうことですか」

こちらの剣幕に驚きつつ、竹内さんが答えた。

「あの、弟は小さいころ、迎え盆の夜に〈変なモノ〉を目撃したらしいんです」

「どのようなモノを」

「いやあ、それが詳しく聞いていないんです。でも、アイツはまだ実家暮らしですから、いまでも〈迎え盆〉をやっているはずです。よければ……連絡してみますか」

見

竹内さんと会った翌々日、私は彼の弟・康二さんと邂逅する機会を得た。とはいっても、じかに対面したわけではない。コロナ禍という現状を鑑み、今回はオンライン会議アプリを用いて取材をおこなったのである。

そんなわけで以下の文章は、康二さんの発言を可能なかぎり再現したものになる。読者諸氏にも取材時の雰囲気を体感してもらいたく、口語形式で紹介しようと思う。

もしもし……聞こえますか。ああ、大丈夫ですか。じゃ、よろしくお願いします。ええ、兄から昨日の夜に電話をもらって、おおよその内容は聞いています。私なんかの話が役に立つかわかりませんが……はい、はい。そうですか。では、ひとまず憶えているかぎりのことを話しますね。

〈それ〉を見たのは二十年ほど前、七歳か八歳の夏だったと記憶しています。

その日、私はうっかり昼寝をしてしまったんですよ。いつもだったら長い夜に備えて、日中は眠らないように気をつけるんです。ところが……お昼ご飯のあとだったかな。押し入れで遊ぶうち、ついウトウトしてしまって。母の「夕飯だよ」という声で目を覚ましたんです。時刻はすでに夕方、西の空がうっすら橙色になっていました。

子供心にも「まずいな」と思いましたが、いまさらどうしようもないですからね。あきらめて両親や兄と飯を食い、いつもどおり仏間に敷かれた布団へ潜りましたよ。

床に就いたのは、八時より前だったでしょうか。

あたりが次第に昏くなり、布団に入ったまま眺めていた天井の木目がだんだん見えなくなって、畳の目も布団の模様も闇に溶けていったのを憶えています。

そうそう、縁側に面した障子だけがぼんやり明るかったな。庭に置かれた灯籠型の外灯、その光が障子に反射していたんですよ。おかげで、仏間の闇がなおのこと濃く思えてね。

そんななか、私はひたすら眠気に襲われるのを待っていたんです。

けれども、どれだけ時間が経っても目は冴えたままでした。いまと違い、スマホや携帯ゲームなんて存在しない時代ですから、子供にとっては拷問ですよ。それでも、私は我慢するしかありませんでした。布団を抜けだそうものなら、父に烈火のごとく怒られるのをすでに知っていましたから。

ええと、その年の二年ほど前だったかな、兄がこっそり寝床から出ようとしたんです。子供のことですから退屈に耐えかねたんでしょう。すると、いきなり父が跳ね起きて兄の腕を掴むと、仏間の畳めがけて投げ飛ばしたんですよ。

父は終始無言でしたけど、それでも怒気はじゅうぶんに伝わってきました。なんでそこまで怒るのかなと不思議でしたが、理由を訊けるような雰囲気じゃなくてね。そのときの記憶があったもので、私は布団に頭まで潜って……。

（突然、ガタガタと襖の開くような音が聞こえ、康二さんが画面から消える）

ああ、うん。違う違う。大丈夫だから。いいよ、そこに置いといて。いいってば。

（数秒後、彼が戻ってくる）

すいません。母がお客さんだと思ったらしく、麦茶を出そうとしていたみたいで。怪奇現象じゃありませんから、気にしないでくださいね。ははは。

ええと、どこまで言いましたっけ……ああ、父が怒った話ですよね。はいはい。

そんなわけで眠れないまま、私は夜が明けるのをじっと待っていたんです。

するとね。

ふいに、誰かの気配がしたんですよ。

家のなかに自分たち以外の誰かがいる。そんな雰囲気が漂っていたんですよ。

この表現、伝わりますかね。そうだな……例えば子供部屋で遊んでいても、広間に大人たちが集まってると、ざわついた空気がわかるじゃないですか。あんな感じです。

そりゃ怖かったですよ。先祖とか祖霊とかいった単語こそ知りませんでしたが、漠然と「お盆は死んだ人が帰ってくる日だ」なんて理解はありましたからね。

そのうち、気配の主が仏間へと近づいてくるのがわかりました。

おかしなことに、いつも子供の私が歩いただけで軋む廊下が、まるで静かなんですよ。

それがなおさら恐ろしくてね。

やはり、これは「あっちから帰ってきた人」なのではないかと思いました、ええ。

いったい誰だろう。お祖父ちゃんかお祖母ちゃん、もしかしたら顔も知らない、もっともっと前のお祖父ちゃんかもしれない。だとしたら、彼らが障子を開けて姿を見せたとき、自分はどうすればいいんだろう。どうなってしまうんだろう。

そんなことを考えつつ……私は首だけをゆっくり巡らせて、障子の向こうへ視線を向けました。ええ、見たかったんです。怖さよりも好奇心が勝っちゃったんです。そのままにしておくのが、どうにも耐えられなかったんです。

おそるおそる見つめた障子には、人の姿がはっきり映っていました。

外灯に照らされたシルエットが、影絵のように浮かびあがっていました。

男性と思われる大柄の影と、女性っぽい細身の影。さらにうしろを子供らしき小ぶりの影がふたつ歩いていました。

ええ、そうなんです。なんだか家族みたいな雰囲気なんです。

そう思った瞬間、はっとしました。

その四人、我が家の家族構成と一緒なんです。

よく見ると、シルエットの輪郭が私たち一家にそっくりなんです。

両親と兄、そして私にうりふたつの影が、縁側を進んでいるんです。

そこで——幼い私は、すっかりわからなくなってしまいました。

死んだ人が出たというのなら、怖いけれど理屈は通るでしょ。あるいは、幽霊とか妖怪とか、この世のモノではない存在だったら、恐ろしくても腑に落ちるでしょ。けれども、目の前にいるのは私たち家族なんですよ。そんなものがどうしてお盆の日に来るんですか。なんのために家へ侵入ってくるんですか。

混乱する私を無視して、四つの影は家のどこかへ消えていきました。

呆然としつつ私は再び布団を頭からかぶり……いつのまにか眠ってしまいました。子供ですから、さすがに徹夜は無理だったのでしょう。目覚めたときはすでに朝で、母が家の施錠を確認している最中でした。

いやいや、誰にも言いませんでしたよ。「変なモノを見たんだ」なんて告げたが最後、夜どおし起きていたことも露呈しちゃいますから。そんな恐ろしい真似は無理です。その後も、毎年迎え盆になると家族で仏間に入りましたが、私は……。

（回線エラーか、十秒ほど画面がフリーズ。音声もぶつ切りになる）

兄に知らせたのは、成人してから数年後のことです。親族の法事の席で酒を飲んだ際、うっかり口が軽くなって。まあ「見たことがある」と漏らした程度で、余計なことは言いませんでしたけどね。

（なぜ詳細を黙っていたのかと問う私、しばらく考えこむ康二さん）

別に、重い理由はないんです。口にするのが怖かったわけでも、自分だけの秘密にしようと決意したわけでもなくて……なんとなく「教える時期じゃないな」と思ったんです。

そのころ、すでに兄は家を出てましたからね。教えたからといって、どうなるわけでもないし、言ったところでいまさら迎え盆を止めるわけにもいかないし。

だから「あの日に来るモノ」の正体を知っているのは、家族で私だけなんです。

おかしな表現ですが……そのことだけは、ちょっとだけ誇らしい気分です。

開

康二さんへの取材を終えた翌日、私の携帯電話に見知らぬ番号から着信があった。

誰かと訝しみつつも通話ボタンを押してみれば、電話の主は高齢とおぼしき女性である。戸惑うこちらをよそに、女性は「康二の母です。洋子です」と名乗った。

「あの、息子の机にこちらの番号があったもので」

その発言で合点が往った。オンライン取材を終える直前、私は康二さんに「追加でいろいろ確認させてもらうかもしれません」と自身の電話番号を口頭で告げていた。どうやら康二さんはそれをメモ用紙に書き留め、机に置いていたらしい。洋子さんはそのメモ紙を見つけ、私に連絡してきたのである。

もしや「面白おかしく書くな」との抗議だろうか——。

思わず身構える私をよそに、洋子さんは言葉を続けた。

「実は昨日、隣の部屋で息子との遣り取りを勝手に聞いとりまして。すまんです」

「あ、いえいえ。無理やり取材させてもらったのは、こちらですから。お詫びだなんて、そんな……」

「いえ、本当に申しわけねえです。すまんです」

しきりに詫びる彼女をなだめつつ、私は内心で首を傾げていた。

たしかに隣室で息子の会話に耳を敧(そばだ)てる行為は、あまり品がよいとは言えない。しかし彼女の口調から察するかぎり、康二さんにバレたというわけでもなさそうだ。黙っていれば誰にも知られず済んだに違いない。それなのに、なぜわざわざ謝罪の電話などかけてきたのだろうか。もしかして、ほかに目的があるのではないのか。

だとしたら、その目的とは――。

そんな疑問を率直に告げると、洋子さんはしばらく口籠ってから、

「たぶん……誤解してるみてえなんで、訂正しておかねばと思って」

と、きれぎれに答えた。

「誤解というのは……どういう意味でしょうか」

「昨日、ウチの息子とアタシのことを言っとりましたでしょう。ほれ、朝になったら雨戸だの襖だの全部たしかめに行く……みてえな話を」

「ああ、たしかに聞きました。迎え盆の翌朝は、お母さまが戸じまりを確認するため家じゅうをまわり、報告を受けたお父さまが終了を宣告する。そのように、ご兄弟おふたりから伺いましたけど」

「違う違う、違うんです」

私の言葉を遮るように、洋子さんが早口で言った。

「鍵がかかってるかどうかを確かめるわけじゃねえんです」

「では……なんのために」

「朝になると全部の戸が開いてるんです。アタシはそれを閉めてまわるんですよ。お嫁に来たとき、いっとう最初にお姑さんから〝家長には開いてる部屋を見せてはならねえよ〟ときつく言われたもんで、毎年アタシが……」

「ちょ、ちょっと待ってください」

今度は、こちらが発言を止める番だった。

「ええと、すこし整理させてください。迎え盆の夜は、ご家族全員が仏間に集まって寝るんですよね。その際、扉の類はすべて閉めておくんですよね」

「へえ」

「玄関には鍵をかけ、襖も障子もトイレのドアも閉じるんですよね」

「へえ。みんな閉めます。ちゃんと念入りに見てまわります」

「それが、翌朝には開いているんですか」

「そうです。全部です」

「あの……どうして開いているんですか。誰が開けてるんですか」

「わかりません」

「わからないって……そんなことが毎年起きていて、洋子さんは怖くないんですか。誰のしわざか疑問に思わないんですか」

「はあ。でも、嫁入りのときにお姑さんから言いつけられたもんで、守らねえと」

「……この事実を、ほかの家族はご存知ないんですか」

「へえ。父ちゃんも息子たちも知らねえです」

「知らせたいと思ったことはありませんか。自分ひとりで抱えるのが嫌になったりはしないんですか」

「別に、男連中が知ってようが知らなかろうが、アタシのやることに変わりはねえんで。ただ……間違ったことを書かれっと、なんだかお姑さんに怒られそうで。だもんで、お電話をさしあげたんです。本当に申しわけねえです」

「いや、それは構わないんですが……あと、念のため確認させてください。このことは、本に書いてもよろしいんですよね」

「ええ、別に構いません。書かれても、アタシのやることは変わらねえんで」

長閑（のどか）な口ぶりに戸惑いつつ、私は考えていた。

竹内家とはなんなのか。実体の見えない慣習。家族それぞれが抱えた秘密。自分だけが知っている〈迎え盆〉の別な顔。

もしや、ほかの家にも同様の「知っているようで知らない」「気づいているようで気づいていない」なにかは存在するのだろうか。たとえば——我が家にも。

洋子さんとの電話を終えて数分後、実家の母からメールが届いた。

いつもの近況報告だろうとは思いつつ、私はなかなか開くことができなかった。

知りたくない秘密を告白されるような気がして、じっとスマホを見つめ続けていた。

届

《以下は、一連の取材から半月後に、竹内家当主・康徳(やすのり)氏より届いた手紙の抜粋である。時候の挨拶や謝辞などは省略し、文章を整え要点のみを抜きだした。なお、本人の希望で一部の情報には改変を加えている旨を、あらかじめ記しておく》

当家の迎え盆に関して、息子や家内より諸々お聞き及びのことと存じます。いま一度、改めて私の知る事実をばお伝えしたく、筆を執った次第です。

竹内の本家には「盆の相手は嫁に被(かぶ)せよ」との言葉が伝わっております。この場合の盆とは風習としてのそれではなく、盆と呼ばれる〈なにか〉のようです。そのことは鬼籍に入る直前、父がそっと教えてくれました。ほかには、長子のみが口伝えで語り継ぐこと、ほかの家族にはいっさい漏らしてはならないと言っておりました。

父は当時すでにずいぶん衰弱していたため、それ以上聞くことが叶わなかったことは、いまでも悔やまれてなりません。故に、私が知っているのはここまでなのです。

本人は自覚していないようですが、家内は迎え盆のあとに決まって臥(ふ)せるのです。

もしかして、知らず知らずのうちに、盆と呼ばれる〈なにか〉と遭っているのでしょうか。しかし私はそのことを彼女に告げるつもりはありません。私も家内も高齢です。なにも知らずに、このまま逝くのが正しいように思います。私たちが死んだあとは、長男が受け継いでくれるでしょう。いまは実家を離れていますが、近いうちに息子の妻ともども呼び寄せて、迎え盆と引き換えに家を譲るつもりです。

もし長男が詳細を聞きたがったおりは、この手紙を彼に渡してください。ただし家族や弟には余計なことを教えるなとも伝えていただけると助かります。

余計なことを知ろうとせず、なにもわからずにいたからこそ、私は迎え盆を続けることができたように思います。願わくば、息子にもそのようにあってほしいのですが。

それにしても――私の家は、いったいなんなのでしょう。

郷内心瞳

幽霊スナック

五年ほど前の話である。会社員の久保田さんが週末の夜、職場の気の合う同僚たちと、会社の近くにある繁華街へ呑みに出かけた時のこと。

最初はいつも利用している大手の居酒屋に入ったのだけれど、週末の混雑時とあって、利用時間は二時間と定められてしまった。

仕方なく、二時間呑んで店を出たものの、まだまだみんな呑み足りない。

すぐに次の店を探し始めたのだが、めぼしい店はどこも満員で、待ち時間も長かった。

「まいったねえ」とぼやきながら、しばらく繁華街を歩き回ってようやく見つけたのは、古びた雑居ビルの地下にある小さなスナックだった。

橙色の薄明かりにぼんやりと照らしだされた陰気な店内には、カウンター席が六つにテーブル席が三つ。他の店はどこも大賑わいだというのに、客の姿はひとりもない。

薄暗い店内にいるのはカウンターの向こうで黙々とグラスを拭いている、五十絡みのいかつい顔をした店主だけである。

「いいですか？」と尋ねると、ぶっきらぼうな調子で「どうぞ」と短く声が返ってきた。

いかにも不愛想な態度に少々むっとなってしまったものの、今から別の店を探すのも面倒だったし、仕方ないかと腹を括ることにする。

促されるままテーブル席に着いてオーダーを済ませると、茜さんという同僚の女性がトイレに立った。

トイレは店内の奥側に面した隅にある。古びた木製ドアの表には「ＴＯＩＬＥＴ」と記されたプレートが貼られているだけなので、おそらく男女共用なのだろうと思う。

久保田さんたちがテーブルに着いても、新たな客が店に入ってくる気配はない。

雑居ビルの地下にあるため、外からは分かりづらいのかもしれないが、それでも一応、繁華街の真っ只中に構える店である。

週末の夜だというのに閑古鳥が鳴いているのは、立地が云々ではなく、店の雰囲気や店主の態度に原因があるからではないかと思った。

つらつらとそんなことを考えながら、オーダーした酒が来るのを待っていた時である。

ふいにトイレの中から茜さんの悲鳴が聞こえてきた。

閉ざされたドア越しにも鼓膜をびりびりと震わせる、それは凄まじく大きな声だった。

思わずぎくりとなってドアのほうへと視線を向けたとたん、中から真っ青を顔をした茜さんが飛びだしてきた。

彼女は矢のような勢いでテーブル席へ駆け戻って来ると、こちらが事情を尋ねる前にわなわなと声を震わせ、「トイレの中で幽霊を見たッ！」と泣き叫ぶ。

聞けば話はこうだった。

トイレに入って用を済ませ、便座から立ちあがると、電気が消えて真っ暗になった。「何事だろう？」と思ったところへ再びぱっと電気が灯る。

すると茜さんのすぐ目の前に、ピンク色のシャツを着た女がぬっと立ち塞がっていて、こちらをじっと見つめていた。

驚いて悲鳴を張りあげるなり、女は水飴のようにどろりと形を崩して姿を消したので、死に物狂いでトイレから飛びだしてきたのだという。

「目の前で消えるのをはっきり見ちゃったし、外からは誰も入ってきてないでしょう？ あれ、絶対に幽霊だと思う！」

泣きながら喚き散らす茜さんの言葉に記憶をたどってみても、確かに彼女がトイレに入ったあと、別の誰かが中に入っていった様子はない。

そもそも店にいるのは、久保田さんたちと店主だけである。女は外からドアを開けて入ってきた様子もなく、目の前で突然姿を消したということだし、彼女の話が本当なら酔って幻でも見たか、あるいは本当に幽霊を見たかのどちらかということになる。

「酒のせいで、変な幻覚でも見ちゃったんじゃないの？」

他の同僚たちも考えることは同じで、まずは茜さんの正気のほうを疑ってみたのだが、当の本人はひと通り状況の説明をし終えても、がたがたと肩を震わせ、べそべそと嗚咽をあげ続けている。単なる幻覚を見たとは思えない雰囲気だった。

もしかして、ここは何かとんでもない曰くのある店なのではないか。

陰気な薄明かりに包まれた店内の様子も相俟って、背筋を冷たくさせながら茜さんを慰めていると、カウンターの向こうにいた店主がぼそりと口を開いた。

「そうやって騒ぎ続けるつもりだったら、悪いんだけど、帰ってもらえませんかね？」

店主は両目を鋭く細め、腕組みしながらこちらをひたと睨み据えていた。

「お騒がせしてすみません。ただこの娘、トイレで幽霊を見たって怯えるもんですから、みんなで落ち着かせようとしているだけなんです」

事情を説明しつつ、店主に向かって丁重に頭をさげる。

「そんな理由で騒がれちゃったら、こっちはますます迷惑なんですけどね」

だが、店主のほうはこちらの謝罪をうっちゃり、吐き捨てるように言葉を返してきた。

あまりにもふてぶてしい店主の態度に再びむっとなってしまい、久保田さんのほうも店主に向けた視線に力をこめ、無言で抗議のサインを送る。

そこへふと、店主の斜め後ろにもうひとつ、小さな人影があることに気がついた。

酒瓶がずらりと並ぶボトル棚の中に、小さな写真立てが置かれている。

写真立ての中では、店主より一回りほど年下とおぼしき女が胸から上だけ姿を覗かせ、こちらに向かって柔らかな笑みを浮かべている。

写真に映る背景は、どうやらこの店のようだった。

視界に入った写真に漫然と視線を向けてまもなく、傍らの席に腰掛けていた茜さんがすっと立ちあがり、再び大きな悲鳴をあげた。

「それッ、それよ！　その人！　わたしがさっきトイレで見たの、その女の人だよッ！　ちょっともう、なんなのこの店、わけ分かんない！」

茜さんが叫ぶや否や、店主のほうもかっと両目を見開き、般若のような形相になって大声を張りあげた。

「お前ら、さっきから一体なんなんだよ！　人の店でガチャガチャ騒ぎまくって余計な詮索しやがって！　女なんかどうだっていいだろうが！　さっさと消え失せろ！」

店主の物凄い剣幕に久保田さんたちは完全に気圧され、声をだすこともできなかった。すかさず席を立ちあがるなり、一目散に店から引きあげた。

「幻とか勘違いとか、絶対にそういうのじゃない。わたしは確かにトイレで女を見たし、トイレで見た女は写真に写っていた、あの女の人で間違いないんだよ……」

夜更け近くの繁華街を歩くさなか、未だ恐怖が治まらずにすすり泣く茜さんの言葉を聞けば聞くほど、久保田さんの背筋もますます冷たくなっていく。

他の同僚たちも気分がすっかり沈んでしまい、いずれも暗い顔を俯かせている。

その後は呑み直す気にもなれず、結局二次会はお流れということで解散となった。


それからふた月ほどが経った、やはり週末のことである。

久保田さんは再び、件のスナックへ足を運ぶこととなった。

学生時代の友人に幽霊騒ぎの話を聞かせたところ、「面白そうだから連れてけよ」とせがまれてしまった。嫌だったのだけれど断りきれず、渋々承諾したのである。

ところが雑居ビルの地下へおりていくと、店の入口に掛けられていた看板がなくなり、中は真っ暗になっていた。どうやら閉店してしまったらしい。

仕方なく、同じビルに入っているショットバーで呑むことにする。

カウンター席に友人と並んで座り、ほどよく酒が回り始めてきた頃、店のマスターにそれとなく、地下のスナックについて訊いてみた。

マスターの話によると、ひと月前に店主が店の中で首を括って死んだのだという。

こんなことがあったのは、これで二度目とのことだった。
どういう意味かと尋ねたところ、件のスナックでは三年前にも女性従業員が、店内のトイレで首を括って亡くなっているのだという。

動機までは分からないが、勤め先で自殺するということは、店に対して何かの不満か怨嗟があったか、あるいは店主との間に妙なゴタゴタでもあったのではないかという。

図らずも茜さんがトイレで見たという幽霊の実在性が、裏付けられることになった。

証拠は何もなかったが、「女性従業員」と聞いて久保田さんの頭に思い浮かんだのは、店のボトル棚に飾られていた、写真立ての女性だった。茜さんも「幽霊は写真の女」と証言していたし、写真の彼女が首を括った女性従業員なのではないかと思った。

店主が首を括った動機も分からないと、マスターは言う。

代わりに「ふたりも人死にが出たテナントだから、今後もいろいろ起きるかもね」と、眉(まゆ)をひそめてつぶやいて見せた。

その言葉どおり、地下のテナントはそれから五年の間に、何度も構えが変わっている。
いずれも呑み屋か小料理屋だったが、どの店も一年と持たず、たまに雑居ビルの前を通りかかると、外壁に掛けられた地下のテナントの店名が変わっている。

原因はやはり、幽霊ではないかと思うのだけれど、わざわざ確認まではしていない。ただ、以前のスナックの店主が首を括って以降は、トイレに現れる女の幽霊以外にも、店主の幽霊も出るようになったのではないだろうか。

雑居ビルの前を通りかかるたびにそんな想像が脳裏をよぎってしまい、地下へと続く階段を見おろしながら背筋を凍らせているのだという。

燃やすほど強い

こちらも店にまつわる話である。

駒込さんという男性が、ラーメン店を開業することになった時の話だという。

不動産屋の案内で、街中に建つ居抜き物件の下見に出かけた。

中に入って様子を調べ始めてまもなく、着ていたジャンパーの懐から火柱があがった。

「うおっ！」と悲鳴をあげてジャンパーを脱ぎ捨て、ただちに火を止めにかかる。

半焼けになったジャンパーの内ポケットには、真っ黒に焦げた御守りが入っていた。駒込さんがいつも肌身離さず身に付けている、魔除けの御守りである。

不穏な胸騒ぎを感じて不動産屋を問い詰めてみたところ、下見をしていたこの物件は、三人前の経営者が焼身自殺を図って死んでいるのだという。

「法的には報告する義務はない」などと弁明されたが、とても契約する気になどなれず、別の業者を頼って一から物件を探し直したそうである。

生まれ出る

介護士の井出さんは、千葉県の山間部に位置する小さな田舎町に暮らしている。

自宅の裏手には荒れ放題になった雑木林が広がっており、暖かい季節になると藪蚊(やぶか)やブヨといった害虫たちが、樹々の中から大挙して押し寄せてくる。

防虫対策として、家じゅうの主なる窓には網戸を設えていたのだが、それでも彼らの侵入を完全に防ぐことはできなかった。

家人が戸口や窓の開け閉めをする一瞬の隙を狙い、屋内に飛びこんでくる虫もいれば、換気扇の間や排水パイプを伝って侵入してくる虫もいる。特に夏場の最盛期ともなれば、家の中で姿を見かけない日がないほど、彼らの数は多かった。

そうした疎ましい環境だったのだけれど、井出さんにとっては暮らしの中に虫たちの存在があるのは、生まれた時からのことだったので、過分に嫌悪を抱いたこともない。

とにかく家内に侵入してきた虫たちは発見次第、ほとんど脊髄反射で黙々と始末する。

暮らしの中における虫たちとの関係は、斯様(かよう)に機械的で殺伐としたものだった。

そんな井出さんなのだが、今現在、蛾だけは絶対に殺さないようにしている。

理由は、二度と同じ目に遭いたくないことがあるからである。


今から十年ほど前、彼が高校二年生の時だった。

夏休みの晩に自宅の庭先で、友人たちと花火をすることになった。

たっぷり買いこんできた花火に次々と火をつけ、楽しい時間を謳歌する。

けれども周囲の環境が環境ゆえ、夜の暗闇に煌々とした明かりが灯れば、当然ながら雑木林の虫たちが大挙して押し寄せてくる。

一応、蚊取り線香も焚いていたのだけれど、周囲に群がる虫たちは線香の真上でさえ悠然と飛び回り、なんの効果もないようだった。

油断していると腕や脚に引っ付いて血を吸おうとしてくる蚊や、頭の周りを飛び交い、耳や鼻の中に突っこんでこようとしてくる羽虫たちにうんざりしながらも、買いこんだ花火を順調に消化していく。

斯様に害虫だらけの花火大会が始まって、三十分近くが過ぎた頃のことだった。

そろそろメインに取っておいた、大きな打ち上げ花火をやろうという話になる。

点火は井出さんがおこなうことになった。庭の適当な場所に打ち上げ花火を設置して、片手に持った手持ち花火で導火線に火をつけようとする。

するとそこへ、大人の手のひらほどもある大きな蛾が飛んできた。

蛾は、手持ち花火の先から噴きだす炎の前をばさばさと音をたてて飛び始めたのだが、まもなく炎に翅（はね）が炙（あぶ）られ、灰色の鱗粉（りんぷん）を撒き散らしながら地面に落ちた。

蛾は、湿った土の上を滑るような動きでもがき回り、必死で翅をばたつかせていたが、花火で負ったダメージが大きいらしく、一向に飛び立つことができなかった。

鬱陶しいのでこのまま踏み潰してやろうかと思ったものの、図体の大きさを考えると、どうにも気が進まない。靴底が潰れた蛾の体液でどろどろになるのは嫌だった。

そこで代わりに井出さんは、地面でもがく蛾に向かい、手持ち花火の先端を向けた。

狐のしっぽのような形を描いて噴き出る炎に焼かれた蛾は、さらに激しく身を捩（よじ）らせ、足元でばさばさと鱗粉を撒き散らす。

友人たちは「えぐいことをすんなよ！」と顔をしかめたが、相手は所詮、畜生である。

「いいんだよ！　聖なる炎で浄化してやるだけ！」

笑みを浮かべてそんなことを嘯（うそぶ）き、地面でもがき苦しむ蛾を執拗に炙り続ける。

無抵抗のままに炎を浴びせられる蛾は、みるみるうちに翅をばたつかせる勢いを弱め、地面の上を滑り回ることもなくなっていった。

代わりに米俵のごとく膨らんだ腹部を盛んにひくつかせ、まもなくすると尻の先からむりむりと、何やら丸いものをひりだし始めた。

それは卵だった。綺麗な丸い形をしていて、大きさはイクラほどもある。

色はパステル調の淡い紫。枯れ葉のような色をした蛾の身体からは信じられないほど鮮やかな色みだったが、却ってそのギャップがおぞましく、毒々しいものに感じられた。

井出さんを始め、傍らにいた友人たちからも「うおっ！」と驚きの声があがる。

蛾はすでに息も絶え絶えになっているのだけれど、それでも腹だけはびくびくと動き、湿った土の上にパステル調の不気味な卵を次々と生みだしていった。

二十個近く生みだしても、卵はまだまだ尻から出てくる。

一体、何個出てくるのかと息を呑みつつ、様子を見ている時だった。

ぼろぼろとこぼれるように生みだされる卵に交じって、ふいに卵とは形の違う何かが、尻の先から出てきた。

湿った土の上にくたりと生みだされたそれをよく見ると、小さな裸の女だった。

大きさは大人の小指ほど。髪は真っ黒で、毛先は尻に届くほど長い。

女はつかのま、半透明の粘液にまみれた身体をエビのように丸めて土の上に横たわり、ぜえぜえと苦しそうに背中で息をしていた。

だが、唖然となった井出さんが、手にしていた花火をぽとりと地面に落としたとたん、はっとしたように身を起こし、そのまま駆け足で庭の奥の暗闇へと走り去っていった。

友人のひとりがすっかり放心した様子で「幼虫かな……？」とつぶやいたのだけれど、井出さんを含めて、うなずく者は誰もいなかった。

少なくとも蛾の幼虫などではない。大きさはともかく、姿形はどう見ても人間の女のそれだったし、しかも二本足で走り去っていったのである。

あんなものを目にしたのは、生まれて初めてのことだった。

先刻までの楽しい気分は得体の知れない怖気に打って変わり、背筋に粟が生じ始める。またぞろあれが戻ってきたらと考えると、花火の続きをする気にもなれなかった。

みんなで蒼ざめながら手早く片付けを済ませると、あとはそのまま解散となった。

花火に焼き責めされた蛾のほうは、気づくといつのまにか死んでいた。

放っておくのも気味が悪かったので、花火の燃えカスと一緒に処分した。


その晩、遅くのことである。

井出さんが自室の布団に入って寝ていると、首筋にもぞもぞとした感触を覚えた。

反射的に片手を首筋へあてがったところ、指先がぶにゅりと冷たい何かに触れる。

とっさに芋虫ではないかと思ってはっとなり、力任せに振り払おうとしたのだけれど、今度は指のほうへぎゅっと絡みつき、払い落すことができなかった。

狼狽しながら指先を顔に近づけて見ると、絡みついていたのは裸の小さな女だった。

女は、マッチ棒のように細長い手足を井出さんの人差し指にぐるりと回して絡みつき、どんよりと濁った暗い眼差しでこちらをじっと見つめていた。

井出さんが叫び声をあげるや否や、女は指から離れてぽんと宙を舞い、大きく開いた口の中へと向かって飛びこんでくる。

ぎょっとなってすぐさま閉じたのだけれど、動きは女のほうが一瞬速かった。

井出さんが唇を結び合わせるよりも先に、大人の小指ほどの小さな身体が口の中へとすっぽり入りこんできてしまう。

慌てて吐きだそうとしても、女は口の中でもぞもぞと動き回って上手く吐きだせない。

そうこうしているうちに、女はのどのほうに向かって口内を這い進んでいく。

「ウソだろう！」と焦って身の毛がぞわりと逆立つなり、気づけば女を舌の上で転がし、奥歯で思いっきり噛み潰していた。

たちまち口の中いっぱいに、金気を帯びた苦い味がじわりと広がる。

堪らず吐きだしてみると、膿のような黄色い汁にまみれた黄土色の肉片が出てきた。

もはや原形は留めておらず、人体らしき名残りすらも確認できない。だが、おそらく芋虫を噛み潰しても、こんな異様な色をした肉片にはならないだろうと思った。

この夜のおぞましい一件があって以来、井出さんは何があっても、蛾にだけは絶対に手出しをしないようにしているのだという。

大きな蛾を見かけるたび、腹の中にとんでもないものが詰まっているのではないかと想像してしまい、近寄ることさえも嫌だと語っている。

蛆の知らせ

こちらも虫にまつわる話である。

都内に暮らす小田桐さんが、こんな体験談を聞かせてくれた。

事の始まりは彼が大学四年生の冬場、当時、付き合い始めたばかりの彼女とふたりで、伊豆の温泉旅館へ泊まりに出かけた時なのだという。

日没後、予約していた二人部屋の和室で夕ご飯を食べ終えると、頃合いを見計らって宿の仲居が布団を敷きに来てくれた。

夜はまさしくこれからという時間だったし、若い男女が旅先の晩にすることと言えば相場は決まっている。さっそく布団に潜りこみ、彼女に「来なよ」と促した。

だが彼女のほうは、まだまだその気になれないらしく、座卓の上で頬杖をつきながら「もう少し待ってよ」とつれない返事を寄越し、テレビの画面に食い入るばかりである。滾る気持ちを抑えつつ、仕方なく彼女がその気になるのを待った。

布団の中で寝そべりながら彼女と言葉を交わし、二時間近くが過ぎた頃のことである。

左足のつま先に、何やらひやりと冷たいものが触れるのを感じた。

感触は柔らかく、どろりとした湿り気とともにかすかな粘り気も感じられる。

不審に思った瞬間、それは指の間に絡みつき、もぞもぞとくすぐるように動きだした。

たちまちぎょっとなって飛び起き、べらりと布団を捲りあげる。

つま先があった敷布の上には、ぶよぶよに肥え太った黄色い蛆虫(うじむし)たちが、煎餅(せんべい)ほどの平たく丸い塊(かたまり)になって蠢(うごめ)いていた。

小田桐さんが悲鳴をあげると、彼女も敷布の上で蠢く蛆虫を見て驚きの叫びをあげた。

だがその声音は自分のそれよりも幾分控えめで、どことなく冷静な響きが感じられた。

「なんだこれ！　どっから湧いてきたんだよ！」

すっかり動転しつつも、急いでフロントへ連絡を入れようとする。

ところがそこへ彼女から「待って」と声をかけられた。

「どうしてだよ?」と訝しむ小田桐さんに、彼女はうんざりした面持ちで細い息を吐き、

「変な話をするんだけど、まあ聞いてよ」とつぶやいた。

多分、自分の身内の誰かが亡くなったのだろうという。

彼女の語る話によれば、身内が亡くなると、こうして自分の近くでどこからともなく、得体の知れない蛆が湧いてしまうのだという。

思いだせる限りでは中学時代からのことなのだが、原因は不明。

蛆は、身内が亡くなるとかならず湧くというわけでもない。だが、湧いてきた時にはほどなくすると、身内の誰かが亡くなったという知らせが入る。

「大体目星はついてるの。嘘みたいな話だけど、まあちょっと待っててよ」

言い終えるや、彼女は不快そうな顔色を浮かべながらも、敷布の上で蠢く蛆虫たちを慣れた手つきで一匹残らずティッシュに包み、トイレに流した。

それから三十分近く経った頃、座卓の上に置いていた彼女のスマホが鳴った。

相手は彼女の母親からで、長患いで入退院を繰り返していた母方の叔父がつい先ほど、入院中の病院で息を引き取ったという知らせだった。

「ね？　本当だったでしょ？」

自嘲的な笑みを浮かべて尋ねかける彼女の言葉に、小田桐さんは「マジかよ……」と返すのが、精一杯だった。

この夜の妙な一件で気味が悪くなってしまった小田桐さんは、それからほどなくして彼女と別れた。

別れ話を切りだした時、多くを語らずとも、彼女は小田桐さんの心中を察したらしく、無理に食い下がるようなことはしなかった。代わりにただ、ひどく寂しそうな面持ちで「今までありがとう」と言われただけだった。

それから三年ほどが過ぎ、大学を卒業した小田桐さんが就職して、都内のアパートで独り暮らしをしていた時のことである。

ある晩、居間でテレビを観ながら寛いでいると、テレビを置いてあるラックの足元で、何かがもぞもぞと動いているのが目に入った。

蛆虫だった。

米粒ほどの大きさをした蛆虫たちが二十匹ほど、畳の上に丸い塊を作って蠢いている。

ぎょっとなりながらもティッシュを使ってすぐに処分したのだけれど、ティッシュに包んだ蛆虫たちをトイレに流している時、ふいに彼女の顔が脳裏に浮かんできた。

同時になんだかざわざわと、得体の知れない胸騒ぎも感じ始める。

彼女の連絡先は、別れてからもスマホに登録されたままだった。

それなりに躊躇(ためら)いはしたものの、どうにも気持ちを抑えることができず、意を決して電話をかけてみることにする。

だが、十回ほどコールしても彼女は電話に出なかった。

ならばと思って、今度はＬＩＮＥでメッセージを送ったのだけれど、こちらも同じく応答はなく、既読にすらもならなかった。


彼女の電話番号から連絡が返ってきたのは、それから二日後のことだった。

けれども電話の主は彼女ではなく、彼女の母親と名乗る人物からだった。

聞けば、二日前の晩に娘が交通事故で亡くなったのだという。

即死とのことだった。

娘の死後、彼女のスマホに入ってきた連絡先を調べて訃報を知らせているのだけれど、なかなか気持ちの整理がつかず、遅くなって申しわけありませんと、電話の主は言った。

悲嘆のこもった重苦しい声風から、とても嘘とは思えない。

「お悔み申し上げます」とだけ伝え、通話を終えた。不穏な予感が的中してしまう。


その後は特に身辺で変わったことは起きていない。

ただ、これから先も何も起こらないという保証はないと、小田桐さんは思っている。

自宅の居間に蛆虫が湧いて以来、今のところ、小田桐さんの身内に不幸は出ていない。

だが、もしもこれから不幸が出た場合、またぞろ自宅に蛆が湧くのではないか。

そんなことを考えてしまうのだという。

確たる根拠があるわけではないのだけれど、身内が死ぬと蛆が湧くという彼女の死をきっかけにして、今度は自分がそれを継承してしまったのではないだろうか。

自宅の居間に湧きだした蛆虫たちは、彼女の最期を知らせるサインであったと同時に、長年彼女の身に起きていた怪異を、自分が引き継いだという証だったのではなかろうか。

道理も事情も釈然としないことだし、本当は考えたくも信じたくもないことなのだが、なぜだか無性にそんな気がしてならないのだという。

彼女の訃報を知らせる蛆が湧いて、そろそろ一年近くが経とうとしている。

ここ最近、身内で何人か先の短そうな者が出てきたので、彼らの訃報を小田桐さんは戦々恐々とした気持ちで待ち構えているそうである。

行方不明

最後は私自身の話である。

長年、拝み屋という奇矯な仕事を営む中では、人形に関する依頼もそれなりに多い。

多くは魂抜きと呼ばれる仕事で、古くなって処分を決めた人形たちから御霊（みたま）を抜いて供養することなのだが、同じ魂抜きでも、まったく別の用件で持ちこまれる人形もいる。

いわゆる「曰くつき」の人形たちをお祓いするという意味での、魂抜きである。


数年前のことだった。

ある時、県外に暮らす依頼主から、不気味な人形を処分してほしいとの依頼があった。

宅配便で届いた人形は全長五十センチほどのサイズで、翡翠（ひすい）色のドレスに身を包んだ金髪頭の人形である。乳白色の細い面貌（めんぼう）に、切れ長の青い目が輝いている。

少し前にアンティークショップで購入したものらしいのだが、自宅に迎え入れて以来、夜中に人形がいる部屋から時折妙な物音が聞こえ、異様な気配を感じるのだという。

依頼主にしてみれば、気味が悪くて堪らなかっただろうと心中察するものがあったが、人形絡みの怪異では、割とよくある事例である。

段ボール箱から取りだした人形の様子をひとしきり窺う限りでは、特別大きな害意があるようには感じられなかったし、荷物が届いたのは夜の八時を過ぎた頃だった。

その日は他にも大急ぎでやるべき仕事があったので、魂抜きは翌日にすることにして、仕事場の座卓の上に人形を立たせて居間のほうへと移り、別の仕事に取り掛かった。

ところが翌日、仕事場へ行ってみると座卓の上から人形が消えていた。

どこか別の場所に置いたのを勘違いしているのかと思い、仕事場のあちこちを隈なく探し回ってみたのだが、やはり人形の姿はどこにも見えない。

仕事場の隅に置きっぱなしにしていた段ボール箱の中にも、人形は入っていなかった。

独り住まいの身の上なので、私以外に人形を動かせる者などいるはずもない。

一瞬、泥棒でも入ったのかと思ったのだが、金目の物がなくなったのならまだしも、わざわざ夜中に人の家に忍びこんで、人形などを盗む者がいるかと思い直した。

そもそも家には鍵を掛けていた。

窓でも割らない限り、外から人が入ってくることなどできないのである。

無論、そんな形跡も確認できなかった。

考えたくはないのだが消去法で考えていくと、どうにも人形がひとりで座卓の上から飛び降りて、どこかに行ってしまったとしか思えなくなってしまった。

みるみる厭な気分になってくる。


以来、人形は未だに見つからないままである。

後日、依頼主に電話で事情を説明したところ、当然ながらひどく驚いた様子だった。けれども先方の家にも人形は帰ってきていないと聞いて、私のほうは一応安心した。

元々、処分が目的で送られてきた人形のため、依頼主に人形を返す必要もなかった。ならばもうこれは、実質的に私個人が抱える問題ということになる。

家の中を含め、今のところ身辺では特にこれといって、人形の仕業とおぼしき怪異に見舞われることはない。

しかし、先にも触れたとおり、件の人形は家じゅうに鍵の掛かった状態で仕事場から忽(こつ)然(ぜん)と姿を消しているのである。

おそらく今でも、家のどこかにいるのではないかと考えている。

いや、厳密に言うなら、家のどこかに姿を隠しているのではないかと私は考えている。理屈が云々よりも直感として、なんだか無性にそんな気がしてならないのである。

それからというもの、折に触れては、こんな光景を想像してしまうことがある。

夜更け過ぎ、寝室で寝入っている私の姿を、細く開いた障子戸や押入れの襖の間から
じっと見つめる人形の姿。
あるいは仕事中、天井板の隙間からこちらを静かに見おろす人形の視線。
どちらも単なる空想に過ぎないのだけれど、受け容れがたい不穏な光景である。
いずれ人形が見つかったあかつきには、即時魂抜きの祈祷を執り行うつもりでいる。
但しそれまでこちらが何事もなく、無事でいられればの話だけれど。

著者紹介

我妻俊樹（あがつま・としき）
『実話怪談覚書 忌之刻』にて単著デビュー。「実話怪談覚書」「奇々耳草紙」各シリーズ、「忌印恐怖譚」シリーズ『くちけむり』『めくらまし』『みみざんげ』『くびはらい』など。共著に「FKB饗宴」「てのひら怪談」「ふたり怪談」「怪談五色」「怪談四十九夜」「瞬殺怪談」各シリーズ、『猫怪談』など。

小田イ輔（おだ・いすけ）
『FKB怪幽録　奇の穴』で単著デビュー。「実話コレクション」「怪談奇聞」各シリーズ、共著に「怪談四十九夜」「瞬殺怪談」各シリーズ、『奥羽怪談』『未成仏百物語』など。原作コミック『厭怪談 なにかがいる』（画・柏屋コッコ）もある。

葛西俊和（かさい・としかず）
怪談蒐集にいそしむ傍ら、青森県の伝承や民話、風習についても情報を集めている。単著に『降霊怪談』『鬼哭怪談』、共著に「怪談四十九夜」シリーズ、『奥羽怪談』『怪談実話競作集 怨呪』『獄・百物語』など。

黒木あるじ（くろき・あるじ）
怪談作家として精力的に活躍。「怪談実話」「無惨百物語」「黒木魔奇録」「怪談売買録」各シリーズほか。共著では「FKB饗宴」「怪談五色」「ふたり怪談」「怪談四十九夜」「瞬殺怪談」各シリーズ、『奥羽怪談』『実録怪談 最恐事故物件』『未成仏百物語』など。『掃除屋 プロレス始末伝』『葬儀屋プロレス刺客伝』など小説も手掛ける。

郷内心瞳（ごうない・しんどう）
憑き物落としや魔祓いを手掛けるほか、各種加持祈祷、悩み相談などをうけている。二〇一四年『拝み屋郷内　怪談始末』で単著デビュー。『拝み屋備忘録　怪談火だるま乙女』をはじめとする「拝み屋備忘録」シリーズ、「拝み屋怪談」「拝み屋異聞」などのシリーズを手掛ける。

しのはら史絵（しのはら・しえ）
作家・脚本家としてシナリオ、小説、漫画原作を手掛ける傍ら、幼少の頃から好きであった怪談蒐集に勤しむ。著書に『弔い怪談　葬歌』、共著に『高崎怪談会　東国百鬼譚』『異職怪談～特殊職業人が遭遇した26の怪異～』『魑魅怪談』など。正木信太郎氏と「板橋怪談会」を主催。不定期で「女だけの秘密の怪談会」も主催している。

渋川紀秀（しぶかわ・のりひで）
心霊と人の狂気の間の話を描く『恐怖実話　狂霊』『恐怖実話　狂忌』『恐怖実話　狂葬』『恐怖実話　狂縁』『恐怖実話　狂禍』など。共著に『ＦＫＢ怪談幽戯』『怪談実話競作集　怨呪』『怪談五色　破戒』など。

朱雀門出（すざくもん・いづる）
二〇〇九年「今昔奇怪録」で第十六回日本ホラー小説大賞短編賞を受賞。実話怪談では『第六脳釘怪談』をはじめとする「脳釘怪談」シリーズほか。共著に「怪談五色」シリーズ、『京都怪談　神隠し』など。

つくね乱蔵（つくね・らんぞう）
『恐怖箱　厭怪』で単著デビュー。『つくね乱蔵実話怪談傑作選　厭ノ蔵』『恐怖箱　厭熟』『恐怖箱　絶望怪談』『恐怖箱　厭獄』『恐怖箱　厭還』など。共著に「瞬殺怪談」「怪談五色」「恐怖箱テーマアンソロジー」各シリーズなど。ホラーライトノベルの単著に『僕の手を借りたい。』ほか、黒川進吾の名でショートショートも発表、共著『ショートショートの宝箱』もある。

冨士玉目（ふじ・たまめ）
怪談を聞いたり読んだり語ったりするのが好き。普段はサラリーマンとして生きている。最近知り合いの不幸が妙に多いので、これ以上深入りをしない方がいいのかと逡巡しながら今回も参加。冨士玉女から改名。

怪談四十九夜　地獄蝶

2021年10月6日　初版第1刷発行

編著者……………………………………………………………………黒木あるじ
デザイン・DTP　………………………………………………荻窪裕司（design clopper）
企画・編集　…………………………………………………………中西如（Studio DARA）

発行人…………………………………………………………………後藤明信
発行所…………………………………………………………………株式会社 竹書房
〒102-0075　東京都千代田区三番町８－１　三番町東急ビル６F
email：info@takeshobo.co.jp
http：//www.takeshobo.co.jp
印刷所……………………………………………………………中央精版印刷株式会社